코이노니아 성경

공동서신

코이노니아 성경: 공동서신

채영삼 지음

초판 1쇄 인쇄 2023년 1월 20일
초판 1쇄 발행 2023년 2월 1일

발행처 도서출판 이레서원
발행인 문영이
출판신고 2005년 9월 13일 제2015-000099호

기획, 마케팅 김정태
편집 송혜숙, 오수현
총무 곽현자

경기도 고양시 일산동구 백석로71번길 46, 1층 1호
Tel. 02)402-3238, 406-3273 / Fax. 02)401-3387
E-mail: Jireh@changjisa.com
Website: Jireh.kr / Facebook: facebook.com/jirehpub

책값은 표지에 있습니다.

ISBN 978-89-7435-617-0 03230

코이노니아 성경

공동서신

채영삼

이레서원

서문

1. 공동서신을 새롭게 읽어야 할 필요성

공동서신은, 신약의 정경 가운데서 결코 '있어도 되고, 없어도 되는' 서신들이 아니다. 최근, 신약 27권의 '정경적 배열'에 관한 재발견은 우리에게 공동서신을 바라보는 새로운 시각을 요청한다. 현재의 많은 영어 번역본이나 한글로 번역된 된 신약 성경에서 공동서신은 바울서신 다음에 위치한다.

하지만 초기 교회가 남긴 신약 정경 목록들을 살펴보면, 사도행전 다음에 공동서신이 배치된 경우가 더 많다. 대표적으로, 아타나시우스(Athanasius)가 그의 39번째 부활절 편지에 남긴 신약 정경 목록(주후 367년)이나 예루살렘의 씨릴(Cyril of Jerusalem)의 교리서(주후 350년) 그리고 라오디게아 공회의 59번째 정경 목록(주후 363년) 역시, 사복음서와 사도행전에 이어 공동서신을 배치하고 그다음 바울서신을 위치시킨다.

놀랍게도, 현재까지 남아 있는 신약의 필사본들의 경우에는 사도행전 다음에 공동서신을 배치하는 경우가 '압도적으로' 많다. 현재의 한글 성경에서처럼, 사도행전 다음에 바울서신이 배열된 '라틴 순차'(Latin order)의 기원은 5세기경 히에로니무스(Hieronymus, '제롬')가 번역한 라틴 벌게이트(Latin Vulgate)의 영향인 것으로 추정된다.

하지만 현재에도 동방 교회가 사용하는 성경은, 고대의 신약 정경 배열을 따라 사도행전 다음에 공동서신을 위치시킨다. 최근 영국 캠브리지에 있는 틴데일 하우스(Tyndale House)의 본문 비평학자들이 편집 발간한 *The Greek New Testament* (Dirk Jongkind, et al eds., Wheaton: Crossway, 2017)를 비롯한 다수의 신약 원어 성경들은 사도행전 다음에 공동서신을 배치하는 '헬라 순차'(Greek order)를 복구하고 있다.

신약 안에서 정경이 배열되는 순서가 그리 중요하다는 말인가? 그렇다. 신약 성경을 읽는 성도가 사복음서와 사도행전을 읽은 다음, 예루살렘에서 초기 교회 전체를 이끌었던 '총회장' 주의 형제 야고보가 보낸 서신을 먼저 펼쳐 읽는 상상을 해 보라. 만일 야보고서를 먼저 읽고 로마서를 읽는다면, '오직 믿음'으로 구원을 얻는다고 할 때 그 '믿음'은 '행함이 있는 믿음'이라는 사실을 의심할 수 없게 될 것이다. 초기 교회에서 공동서신을 '먼저' 그리고 '중요하게' 읽었다는 것은, 사도 바울이 선포한 '칭의'의 복음을 오해할 가능성을 애초부터 배제한다는 뜻이기도 했던 것이다.

이런 점에서 독자들이 『코이노니아 성경: 공동서신』을 읽을 때, 공동서신이 바울서신에 잘 드러나는 '율법의 행함이 아니라 그리스도를 믿음으로 은혜로 받는 구원'의 복음을 보존하면서도, 어떻게 동시에 그런 '구원받는 믿음'이 '행함의 열매'를 맺게 하는지에 관해 설명하는 내용에 주목할 필요가 있다. '믿음과 행함'의 문제를 바울서신 안에서만 다루지 않고, 공동서신이 설명하는 내용과 보완하고 조화시키면, '오직 믿음, 오직 은혜'의 복음 안에서 '선한 행실'이 가진 구원론적 의미뿐 아니라 '교회론적이고 선교적인' 의미와 역할을 충분히 깨닫게 될 것이다.

공동서신은 '믿음에서 나오는 행함'에 대해 많은 것을 가르친다. 그리고 공동서신이 가르치는 윤리적 내용들은, 공동서신이 나름대로 선포하는 '복음'과 '믿음'에 대한 해석에 근거한다. 공동서신에 관한 흔한 오해 가운데 하나는, '복음'은 바울서신에 잘 드러나 있고, '삶의 윤리'는 공동서신에 잘 드러나 있다는 '선입견'이다. 그렇지 않다. 바울서신도 공동서신도, 나름대로 예수 그리스도의 복음을 '재해석'하고, 그 복음의 풍성함을 각기 '다양하게' 드러낸다. 독자들은 공동서신의 본문을 읽으면서, 공동서신의 각 권이 제시하는 '복음'이 무엇인지에, '믿음'이 무엇인지에 집중하고 그것을 발견하여 누리도록 힘써야 한다.

마찬가지로, 공동서신은 각 권마다 독특한 '교회론'과 '윤리적 비전'도 제시한다. 이 책에서 새롭게 번역된 본문들을 통해, 그런 점들이 독자들에게 부각되기를 기대한다. 종합 병원에 가면 각각 전문의가 있고 그 전공이 '다 다르듯이', 또는 부모가 사랑하는 자녀를 위해 정성껏 차려 놓은 밥상에 '다양한' 음식들이 놓여 있듯이, 독자들이 이 새로운 번역을 통해 공동서신 각 권의 특징적인 매력을 더욱 생생하게 느끼게 된다면, 더 바랄 것이 없다.

'코이노니아'의 근본적인 의미는, '공유(公有), 사귐, 연대, 그리고 나눔'이다. 말씀은 모든 성도가 '공유'하는 생명의 근원이며, 그것을 통해 삼위 하나님과 사귀며 성도의 교제를 이루는 결정적이고 필수적인 은혜의 수단이다. 교회는 오직 진리의 말씀을 통해 '하나로 묶여' 있다. 무엇보다, 이 생명의 말씀은 '나누어져야' 한다. 생명도 사랑도, 빛처럼 자신을 나눔으로써만 존재한다. 코이노니아로서의 교회 역시 성령과 사랑 안에서 말씀을 나눔으로써, 또 다른 코이노니아를 낳게 되어 있다.

영원한 생명의 실체(實體)인 '삼위 하나님과의 코이노니아'는, 아버지의 사랑과 성령 안에서 그 아들이신 '생명의 말씀'을 '먹고, 마시고, 경험하는' 교제에서 나온다. 부디, 이 책을 통해 공동서신을 새롭게 읽는 성도의 심령마다, 하나님 말씀의 생명과 능력을 경험하고 누리며, 그 사귐 안에서 영원한 생명과 사랑을 세상으로 흘려 보낼 수 있기를 소망한다.

2. 공동서신의 '새로운 번역'의 특징과 이 책의 사용법

『코이노니아 성경: 공동서신』에 수록된 새로운 본문은, 신약 헬라어 성경(NA 27판과 NA 28판)에서 '공동서신'(Catholic Epistles)의 원문을 개인적으로 번역한 것이다. 그간 공동서신 각 권에 대한 주해와 강해를 포함한 '공동서신의 이해' 시리즈를 저술하고 출판했는데, 그 책들에 담겨 있는 '기초적인 번역'을 전반적으로 다시 다듬고, 필요한 부분은 수정하고 보완하는 작업을 거쳤다.

결과적으로 이 새로운 번역은, 기존의 한글 번역본들과 큰 틀에서 연속성을 가지며, 동시에 전체적으로나 부분적으로 다른 번역을 제시하기도 할 것이다. 진지한 독자들은, 이 책에서 제시되는 '공동서신의 새로운 번역'을 개역개정, 개역한글, 그리고 최근에 출간된 새한글성경(신약)에 포함된 공동서신 본문과 대조하며 읽으면서 원문에 대한 더욱 풍성한 이해를 얻을 수 있을 것이다.

이 책이 제시하는 공동서신의 '새로운 번역'의 특징과 이 책의 사용법은 아래와 같다.

(1) 공동서신의 새로운 번역에 근거해서, '개역개정'의 공동서신 본문에 관해 재(再)개정이 필요할 것으로 보이는 대표적인 구절들에 관하여는, "개역개정 공동서신 본문에 대한 개정 제안", 〈성경원문연구〉 50호 별책부록(2022년), 157-164에서 자세히 다루었다. 예컨대, 베드로전서 3:21의 "하나님을 향한 선한 양심의 간구니라"(개역개정)를

다시 "선한 양심이 하나님을 향하여 찾아가는 것입니다"(개역한글)로 바로잡은 이유는, 원문의 의미와 이 본문이 속한 문맥을 충분히 살폈을 뿐 아니라, 베드로전서가 선포하는 '여행자'로서의 교회론 그리고 제사장 공동체로서 교회가 세상과 소통하는 중대한 방식인 '선한 양심'의 기독론적 의미를 진지하게 고려했기 때문이다.

(2) 또한, 요한삼서 1:2의 "사랑하는 자여 네 영혼이 잘됨 같이 네가 범사에 잘되고 강건하기를 내가 간구하노라"(개역개정)는, 이 책에서 "사랑하는 자여, 모든 일에 관해서도 바른길을 잘 가며 강건하기를 기도합니다. 당신 자신이 바른길을 잘 가는 것과 같이"로 새롭게 번역되었다. 그 타당한 논지들은 해당 본문의 각주에서 간략하게, 그리고 『지키심을 입은 교회: 요한이서, 요한삼서, 유다서의 이해』에서 상세히 밝혔다.

(3) 이 책자에 실린 공동서신의 본문은 몇 가지 번역 원칙을 따라, 기존의 한글 번역들과 조금 다른 형태를 띤다. 우선, 헬라어 문장 안에 있는 고유한 어순(語順)을 최대한 살리려 노력했다. 헬라어는 어순에 자유롭지만, 단어의 배치에 따라 강조점이 달라지기도 하기 때문이다(예. '우리는 알고 있습니다', 요일 5:18, 19, 20).

(4) 해당 단어나 문장의 의미는, 무엇보다 '문맥'의 흐름에 맞게 번역되고 표현되게 애썼다(예. 벧전 2:11-12; 3:21). 또한 신학적으로 중대한 사안이 걸려 있는 번역에는, 최근 국문법의 변화에도 불구하고 보다 원문에 가까운 의미를 반영하도록 신중을 기했다. 요한서신에 자주 쓰이는 '증언/증언하다'(개역개정)는 본래, 단지 '말'(言)에 대한 진술이나 증명인 것만은 아니므로, 말과 행동을 모두 포함하는 '증거/증거하다'의 의미를 보존하도록 번역한 것이 그 예이다(참조, "개역개정 공동서신 본문에 대한 개정 제안", 162-164).

(5) 독자들이 쉽게 이해할 수 있도록 단어나 문장을 풀어쓰려고 애

쓴 것이, 이번 번역의 문체에 영향을 끼치기도 했다. 예컨대, 의미에 지장을 주지 않는 한도 내에서 원문에서 반복되는 접속사를 생략하기도 했고, 원문에서 '형제'가 성도 모두를 대표하는 경우, 현대의 청중을 고려하여 가능하다면 '형제자매'로 옮기기도 했다.

(6) 또한, 읽어도 쉽게 와닿지 않는 한자어는, 가능한 한 쉬운 한글로 풀어서 번역했다. 예컨대 '미혹'으로 번역되는 '플라네'(πλάνη) 계열의 용어들은, 이 단어에 포함되는 두 가지 기본 개념인 '속는다'는 것과 '길을 벗어나 잃는다'는 개념이 함께 드러날 수 있도록 풀어 번역했다(약 1:16; 5:19, 20; 요일 3:7; 4:6; 유 1:11).

(7) 번역 본문 안에서 괄호 안에 표기된 작은 본문들은, 그 의미가 오해될 가능성이 있거나, 보다 명확하게 해야 할 경우를 위해 삽입되었다.

(8) 본문에서 단락을 나누고 단락별로 소제목을 붙여서, 본문의 내용에 대한 이해를 돕고자 했다. 이 소제목들은, 공동서신 각 권에 대한 필자의 주해서 '공동서신의 이해' 시리즈에서 가져왔다. 독자들은 이 소제목들만 읽고도 문맥의 흐름과 주제를 쉽게 파악할 수 있을 것이다.

(9) 본문 가운데 번역상 해설이 필요한 경우, 중요한 본문의 이해를 돕는 설명이 필요한 경우, 또는 인용된 구약 본문이 있는 경우에 각주를 달아 간단하지만 필수적인 주해의 기능을 하도록 했다. 본문을 읽으면서 각주를 참고하면, 낯선 표현이라든지 중요한 개념이나 문맥에 대한 해설을 통해 본문의 의도를 더 잘 이해할 수 있게 될 것이다.

(10) 마지막으로, 이 책에 제시된 사역(私譯)의 타당성에 관해서는 공동서신 각 권에 대한 필자의 책들에서 해당 본문의 주해와 설명을 함께 읽으면 도움이 될 것이다. 이 책자에서 정리되고 다듬어진 필

자의 '최종 번역'은, 기존에 출간된 '공동서신의 이해' 시리즈 중에서도 가장 최근에 출간된 인쇄본에 실린 '본문 번역'에 기초했다. 해당 책들은 다음과 같다.

『지붕 없는 교회: 야고보서의 이해』, 이레서원, 2021년(8쇄판)
『십자가와 선한 양심: 베드로전서의 이해』, 이레서원, 2020년(4쇄판)
『신적 성품과 거짓 가르침: 베드로후서의 이해』, 이레서원, 2021년(2쇄판)
『코이노니아와 코스모스: 요한일서의 이해』, 이레서원, 2021년(초판)
『지키심을 입은 교회: 요한이서, 요한삼서, 유다서의 이해』, 이레서원, 2022년(초판)

채영삼
2022년 12월

차 례

야고보서

하나님과 세상 사이에 선 교회

1장

야고보서의 이중 서론(1:1-11, 12-27)

'온 교회'에 보내는 인사말

1 **야고보, 하나님과 주 예수 그리스도의 종은, 흩어진 가운데 있는**
열두 지파에게[1] 문안합니다.

인내의 결과와 시험의 뿌리(1:2-11)

시험, 인내, 그리고 온전함

2 **나의 형제자매 여러분, 온갖 종류의 시험을 겪을 때마다, 모든**
기쁨으로 기쁘게 여기십시오.

---

1 수신자가 '열두 지파' 곧 '예수 믿는 새 언약 백성 전체'이다. 이는 주의 형제 야고보의 권위를 보여 준다(행 15:1-21).

3 그것은 여러분의 믿음의 연단이 인내의 역사(役事)를 끝까지 발휘
하게 할 것을 여러분이 알기 때문입니다.
4 무엇보다, 인내로 하여금 그 목적을 이루도록 그대로 두십시오.[2]
그것은 결국 여러분이 온전해지고 모든 것이 갖추어져 아무 부
족한 것이 없게 되기 위함입니다.

시험의 뿌리, 지혜의 결핍과 나뉜 마음

5 만일 여러분 중에 누가 지혜가 부족하거든, 모든 풍성함으로 넘
치게 주시며 거절하지 않으시는 하나님께 구하게 하십시오. 그
에게 주어질 것입니다.
6 하지만 믿음으로 구하되 스스로 판단받는 마음으로 하지 말게
하십시오. 왜냐하면 스스로 판단받는 자는 바다의 거친 물결 같
아서 바람에 휩쓸리고 이리저리 흔들리기 때문입니다.
7 이런 사람은 주께로부터 무엇도 받을 생각을 말아야 할 것입니
다.
8 마음이 나뉜 사람이요, 그의 모든 길에서 정(定)함이 없는 사람입
니다.

시험의 근본적 배경, 세상의 헛된 욕심과 잘못된 자랑

9 한편, 비천한 처지에 있는 형제는 (그리스도 안에서) 그의 높음을[3] 인해
자랑하도록 하십시오.
10 그러나 부유한 자는[4] 그의 비천함 때문에 그렇게 하십시오. 왜냐

---

2 원문을 그대로 직역한 것이다. 인내 자체가 이루고자 하는 목적이 있음을 전제한다.
3 원문에는 '그리스도 안에서'가 없다. '그의 높음'은 그리스도를 믿음으로 높아진 것을 의미한다(참조. 약 1:1, '주' 예수 그리스도; 2:1, '영광의 예수 그리스도'; 2:5, '믿음에 부요하게 … 나라를 유업으로').
4 원문에서는, 9절에서와 다르게, '부유한 자'에게는 '형제'(아델포스, ἀδελφὸς)라는 칭호가 빠져 있다.

하면 (그 부가) 풀의 꽃처럼 사라져 없어지기 때문입니다.
11 진실로, 이는 해가 그 뜨거운 열기와 함께 떠올라 풀을 마르게
하고 꽃을 떨어뜨려, 그 겉모양의 아름다움이 사라지는 것과도
같습니다. 이와 마찬가지로, 부한 자도 그 좇는 것으로 인해 허
망해져 버리고 말 것입니다.

시험의 극복을 위한 복음(1:12-27)

시험, 인내와 결과, 그리고 하나님에 대한 오해

12 시험을 견디고 있는 사람은 정말 복 있는 사람입니다. 왜냐하면
일단 검증된 후에는, 그분을 사랑하는 자들에게 약속된 생명의
면류관을[5] 받을 것이기 때문입니다.
13 그러니 시험 가운데 있는 그 누구도 '내가 하나님에 의해 시험당
한다'라고 말하지 말아야 합니다. 하나님은 악한 일로 시험을 당
하지 않으시는 분이고, 또한 그 자신이 아무도 시험하지 않으시
기 때문입니다.

죽음에 이르는 시험 – 피할 길은 없는가?

14 도리어 각 사람이 자신의 정욕에 이끌리고, 걸려들어, 시험에 드
는 것입니다.
15 그런 후에는, 그 정욕이 그것을 받아들여, 죄를 낳고, 그 죄가 완
전히 자라고 나면, 결국 죽음을 낳게 됩니다.

---

5 1장의 '이중 서론'(1:2-11, 12-27)의 구조 안에서, 인내의 열매로 종말에 받을 '생명의 면류관'은, 1:4에서 인내로 인해 지금도 '이루어져 가고 있는 온전함'과 상응한다.

시험의 극복, 신적 잉태와 출산

16 결코 속아서 길을 벗어나지 마십시오. 나의 형제자매 여러분, 곧
하나님의 사랑을 받는 이들이여.
17 모든 풍성한 주심과 모든 온전한 선물은 위로부터 내려오는바,
빛들의 아버지께로부터 오는 것입니다. 그분에게는 바뀌는 것
도, 회전으로 인해 드리우는 그림자도 없습니다.
18 그분은 뜻을 품으시어, 진리의 말씀으로 우리를 낳으셨고, 우리
로 하여금 그가 지으신 것들의 첫 열매가 되게 하셨습니다.

마음에 심긴 말씀, 야고보서의 '말씀-구원론'

19 나의 형제자매들, 하나님의 사랑을 받는 여러분, 이것을 알아야
합니다. 곧 모든 사람으로 하여금 듣기는 민첩하게 하고, 말하기
는 둔하게 하십시오. 또한 격노하는 일에도 둔하게 하십시오.
20 왜냐하면 사람이 격분하는 것이 하나님의 의를 이루어 내지 않
기 때문입니다.
21 이를 위하여, 모든 더러운 것과 넘치는 악을 벗어 버리고, 능히
여러분을 구원할 마음에 심긴 말씀을[6] 온유함으로 받으십시오.

온유함으로 받는 말씀, 자유의 온전한 율법

22 무엇보다 말씀을 행하여 열매를 맺는 자가 되어야 합니다. 단지
듣기만 해서 스스로를 속이는 자가 되지 말아야 합니다.
23 만일 어떤 이가 말씀을 듣는 자가 되었지만, 이를 행하여 이루는
자가 아니라면, 이런 자는 청동 거울로 그의 생긴 모양을 물끄러
미 들여다보는 자와 같습니다.

---

6 18절이 '거듭남'의 객관적 역사라면, 21절은 그 결과로 중생한 성도 안에 '심긴 말씀'의 실재를 표현한다. 예레미야 31:33에 약속된 새 언약의 성취이다.

24 왜냐하면 그는 자신을 열심히 들여다보았지만, 그 자리를 떠나 가서는 금방 자신이 어떤 모습이었는지를 잊어버리기 때문입니다.

25 그러나 온전한 율법, 곧 자유의 율법을[7] 들여다보고 그와 함께 계속 머무는 사람은, 듣기만 하고 곧 잊어버리는 자가 되지 않고 도리어 행함으로 열매를 맺는 사람이 됩니다. 이런 사람이 그가 행하는 일에 복을 받는 것입니다.

참된 경건, 말, 긍휼, 그리고 정결

26 만일 어떤 사람이 그의 혀를 재갈 먹이지도 못하고 그의 마음을 속이면서, 자기는 신앙생활 잘하는 사람이라고 생각한다면, 이런 신앙생활은 헛것에 불과합니다.

27 하나님 아버지와 함께하는 깨끗하고 더럽혀지지 않은 경건은,[8] 어려운 가운데 처한 고아와 과부를 돌아보고, 더럽혀지지 않도록 자신을 세상으로부터 지키는 것입니다.

2장

참된 경건의 열쇠(1): 긍휼을 행하는 믿음(2:1-26)

사람을 차별하는, 긍휼 없는 신앙

1 나의 형제자매 여러분, 우리의 주 영광의[9] 예수 그리스도를 믿는

---

7 '온전한 율법', '자유의 율법'은, '그 나라의 법'(2:8), '자유의 율법'(2:12)과 함께, '긍휼'의 법(2:13)으로서, '그리스도의 법'(갈 6:2) 곧 새 언약의 새 계명(요 13:34)을 가리킨다.

8 '경건'(뜨레스케이아, θρησκεία)은, 계명들을 지키는 '종교 생활'에 가까운 의미이다. 전치사 '함께'(파라, παρὰ)는 '향하여, 곁에서, 앞에서' 등의 의미를 포함한다.

9 어순과 문맥 안에서, '우리의'는 '주'를, '영광의'는 '예수 그리스도'를 수식하고 강조한다.

믿음을, 사람을 차별하고 외모로 취하는 식으로 가져서는 안 됩
니다.
2 만일 여러분이 함께 모여 있는데, 어떤 사람이 금반지를 끼고 화
려한 옷을 입고 들어오고, 또 어떤 가난한 사람이 남루한 옷을
입고 들어올 때,
3 화려한 옷을 입은 사람을 보고는 '여기 좋은 자리에 앉으십시오'
라고 하고, 가난한 자를 보고는 '당신은 거기 서 있든지 아니면
내 발등상 아래 앉든지 하시오'라고 하면,
4 이것이 어찌 여러분 안에서 스스로 판단하고 나뉘어 악한 생각
으로 판단하는 재판관이 되는 것이 아닙니까?
5 사랑하는 나의 형제자매 여러분, 들어 보십시오. 하나님께서는
세상적으로 볼 때 가난하고 천한 사람들을 믿음에 부요하게 하
시고, 또한 그를 사랑하는 자들에게 약속하신 그 나라를 유업으
로 받을 자들로 택하여 주셨습니다.
6 그런데 여러분은 가난한 자들을 멸시합니다. 부자들은 여러분
을 억압하고 또 바로 그런 자들이 여러분을 법정으로 끌고 가는
것이 아닙니까?
7 또한 바로 그런 자들이 여러분이 그로 인해 불리는 그 아름다운
이름을 모독하는 것이 아닙니까?

긍휼 없는 신앙, 긍휼 없는 심판

8 만일 여러분이 말씀에 기록된 대로 '네 이웃을 네 자신과 같이
사랑하라' 한 그 나라의 법을[10] 참으로 성취한다면, 정말 잘하는
것입니다.

---

10 '그 나라의 법'(개역개정, '최고의 법')은, 사랑의 이중 계명으로 해석된 새 언약의 법을 가리킨다.

9 하지만 여러분이 사람을 외모로 취하면, 여러분은 그 법에 의해
범죄자로 확정되어 죄를 짓게 되는 것입니다.
10 왜냐하면 누구든지 율법 전체를 지키다가 어느 한 가지에 실족
하면, 모든 것에 걸려 넘어진 자가 되는 셈이기 때문입니다.
11 그래서 '너는 간음하지 말라'고 하신 분께서 또한 '너는 살인하
지 말라'고 말씀하신 것입니다. 그런데 만일 당신이 간음은 하지
않았지만 살인은 했다면, 당신은 율법을 범한 것이 됩니다.
12 이처럼 여러분은 장차 자유의 율법에 의해 판단받을 것처럼 말
하고 행동하십시오.
13 그러므로 긍휼을 행하지 않은 자에게는 긍휼 없는 심판이 있을
것입니다. 긍휼은 심판을 이기고 자랑합니다.

말뿐인 신앙, 행함 없는 믿음

14 나의 형제자매 여러분, 만일 어떤 사람이 믿음이 있다고 말하는
데, 그 행함이 없다면, 그런 믿음이 어떻게 그를 구원하겠습니
까?
15 형제나 자매가 당장 먹을 것이 없어 굶주리고 있다는 것을 아는
데도,
16 여러분 중에 누구든지 그들에게 '평안히 가서, 좀 따뜻하게 하고
무엇을 좀 먹는 게 좋겠소'라고 말하면서 정작 그들의 몸에 필요
한 것을 주지 않는다면, 그것이 무슨 유익이 있습니까?
17 이처럼 만일 믿음에 그 행함이 없다면, 그 자체가 죽은 것입니
다.
18 하지만 어떤 사람은 이렇게 말합니다. '당신은 믿음이 있고 나에
게는 행함이 있으니, 당신의 행함이 없는 믿음을 내게 보여 주시
오. 나는 당신에게 나의 행함으로 믿음을 보여 주겠소.'

19 당신은 하나님이 한 분이신 줄을 믿습니다. 참 잘하는 것입니다.
사실은 귀신들도 그렇게 믿고 부들부들 떱니다.

행함으로 온전하게 되는 믿음

20 당신은 진정 알기를 원합니까? 아, 속이 텅 빈 사람이여, 행함이
없는 믿음은 아무것도 할 수 없다는 것을.[11]
21 아브라함, 우리의 아버지가 그 아들 이삭을 제단에 바칠 때에 행
함으로써 의롭게 된 것이 아니라는 말입니까?
22 당신이 보고 있는 것은, 그 믿음이 그의 행함과 함께 역사하여,
행함으로써 그 믿음이 온전하게 된다는[12] 것입니다.
23 그래서 아브라함이 하나님을 믿었고 (이것이) 그에게 의로 여겨졌다
고 말한 성경이 성취된 것이며,[13] 그래서 하나님의 벗이라[14] 불리
게 된 것입니다.
24 보십시오. 사람이 행함으로 의롭게 되며,[15] 믿음으로만이 아닙니
다.
25 마찬가지로 또한, 라합 그 창기가 천사들을 환대하여 받아들인
후에 다른 길로 내보내 주었을 때에, 행함으로써 의롭게 된 것이
아닙니까?
26 이처럼, 영혼 없는 몸이 죽은 것이듯, 이와 같이 또한 행함 없는
믿음은 죽은 것입니다.[16]

---

11 '행함'(에르곤, ἔργων)과 '할 수 없다'(아르게, ἀργή)는 동일한 어근(語根)을 가지고 있다.
12 '온전하게 된다'(에테레이오떼, ἐτελειώθη)는 것은, '그 원래의 목적에 이른다'는 의미이다.
13 '성취된'(에플레로떼, ἐπληρώθη)은, '잔에 물이 차오르듯 가득 차게 된' 이미지를 전달한다.
14 하나님이 '나의 벗'이라는 고백이 '믿음'이라면, '하나님의 벗'이 되는 일은 '행함'의 열매이다.
15 여기서 '행함'은, '(그리스도를) 믿음'과 대립되는 '율법 아래서 행하는 율법의 행위'가 아니라(롬 3:19-28), 믿음과 함께 일하는 '믿음의 행함'을 가리킨다(약 1:18, 21; 참조. 갈 5:6).
16 믿음이 영혼이고 행함이 그 믿음의 표현인 육체가 아니라, '행함'이 믿음이라는 육체의 '영혼'에 해당한다는 것이다.

3장

참된 경건의 열쇠(2): 말과 '위로부터 오는' 지혜(3:1-18)

말, 온전함의 열쇠

1 많이, 가르치는 자가 되지 마십시오, 나의 형제자매들이여. 우리
가 더 큰 심판을 받을 줄을 알고 있습니다.
2 왜냐하면 우리가 모든 일에 많이 실족하기 때문입니다. 만일 어
떤 사람이 말(言)에 있어 실족하지 않으면 이는 온전한 사람이요,
그 온몸도 재갈 먹여 이끌어 갈 능력이 있는 사람입니다.

말, 삶 전체를 지배하다

3 이는, 만일 우리가 말(馬)의 입에 재갈들을 넣어 우리 뜻대로 할 수
있다면, 그것의 온 몸뚱이를 같이 끌고 갈 수 있는 것과 같습니
다.
4 또 보십시오. 배가 아무리 커도 거친 바람에 휩쓸리지만, 아주
작은 키에 의해서 사공의 마음에 뜻한 방향대로 따라 움직여 가
지 않습니까?
5 이처럼 혀는 몸의 작은 지체이지만, 큰 것을 자랑합니다. 과연
얼마만큼의 불꽃이 얼마만큼의 숲을 태워 버리는지 보십시오.

다스리지 못한 혀, 그리고 잃어버린 통치권

6 그래서 혀는 곧 불입니다. 불의(不義)의 세계인 혀가 우리의 지체
안에 놓여 있는데, 그것은 온몸을 더럽히는 것이며, 존재의 수레

바퀴에[17] 불을 붙이고, 지옥에 의해 불붙어 타오릅니다.
7 짐승과 새들, 기어 다니는 것과 물고기는 각기 종류대로 모두,
인류에 의해 다스려질 수 있고 또한 다스려졌지만,
8 그 혀만큼은 어떤 사람도 다스릴 수 없습니다. 정함이 없고, 죽
이는 독이 가득합니다.

타락과 말, 그리고 혼돈

9 이것으로 우리가 주와 아버지를 찬송하고, 또한 이것으로 하나
님의 형상대로 지음받은 사람들을 저주합니다.
10 같은 입에서 찬송과 저주가 나오니, 나의 형제자매들이여, 이것
이 이렇게 되는 것은 결코 마땅하지 않습니다.
11 어찌 한 샘이 같은 구멍으로 단물과 쓴 물을 쏟아 내겠습니까?
12 나의 형제자매 여러분, 무화과나무가 올리브 열매를 맺을 수 없
고 포도나무가 무화과를 맺을 수가 없듯이, 이처럼 짠물이 단물
을 낼 수 없는 것입니다.

말의 회복, 위로부터 오는 지혜

13 여러분 가운데 누가 지혜가 있고 지식이 많다고 생각하면, 그로
하여금 선한 행실로써 온유함 가운데 그의 지혜의 행함을 보이
게 하십시오.
14 하지만 만일 여러분이 그 마음에 독한 시기와 다툼이 있다면, 진
리를 거슬러 자랑하거나 거짓을 말하지 마십시오.
15 이러한 지혜는 위로부터 내려오는 것이 아니라, 땅에 속한 것이
고 인간의 육적인 마음에서 난 것이며 마귀적인 것입니다.

---

17 '존재'(게네세오스, γενέσεως)는 '피조 된 만물'을 가리키며, 그 '수레바퀴'(트록혼, τροχὸν)가 혀에 의해 불탄다는 것은 그 피조 된 만물이 진행하는 방향의 왜곡, 혼란, 파괴를 뜻한다.

16 시기와 다툼이 있는 거기에는 정함이 없고[18] 모든 악한 일이 있
기 때문입니다.
17 위로부터 난 지혜는 먼저 순전(純全)하고, 그다음 화평하며 온유하
고 양순하며, 긍휼과 선한 열매들이 가득하고, 차별함이 없고,
위선적이지 않습니다.
18 그래서 의의 열매는 화평을 행하는 자들에 의해, 화평 가운데서
심어지는 것입니다.

4장

참된 경건의 열쇠(3): 정결과 종말에서 얻는 지혜(4:1-5:6)

잘못된 욕심, 잘못된 기도

1 여러분 가운데 있는 싸움은 어디로부터, 분쟁은 어디로부터 오
는 것입니까? 그것은 여러분의 지체 안에 있는 싸우기를 좋아하
는 정욕으로부터 나오는 것이 아닙니까?
2 욕심을 내어도 갖지 못하고, 죽이고 시기하여도 능히 쟁취하지
못하며, 분쟁을 일으키고 싸워도 얻지 못하는 것은, 여러분이 구
하지 않기 때문입니다.
3 또한 구하는데도 받지 못하는 것은 잘못[19] 구하기 때문인데, 그
것은 여러분이 세상적인 쾌락을 따라 탕진하려고[20] 구하기 때문

18 '정함이 없고'(아카타스타시아, ἀκαταστασία)는 모든 것이 제자리에 있지 않고 흔들리며 파괴된 상태를 가리키며, '나뉜 마음'을 가진 자의 특징이기도 하다(1:8).
19 '잘못'(카코스, κακῶς)은 '악한 방식으로, 잘못된 동기로'의 의미이다.
20 '탕진하려고'(다파네세테, δαπανήσητε)는 '쓰려고'의 의미이지만, 문맥 안에서는 '허비한다'는 뉘앙스를 전달한다.

입니다.
4 간음하는 이들이여, 세상을 짝하여 사랑하는 것이 하나님과 원
수가 되는 것이며, 세상과 한패가[21] 되고자 하는 자는 하나님과
원수 되는 자리에 처하게 됨을 알지 못합니까?

'두 마음'의 해결책과 정결 회복의 길

5 혹은, 이렇게 기록된 말씀을 헛된 것으로 생각하십니까? '너희
안에 그 영을[22] 두신 이께서 그것을 시기하기까지 갈망하시느니
라.'[23]
6 하지만 더 큰 은혜를 주시는데, 이로써 말씀하십니다. '하나님께
서는 교만한 자를 대적하시고 겸손한 자에게 은혜를 주시느니
라.'
7 그러므로 하나님 앞에서 낮추십시오. 마귀를 대항하여 굳게 서
십시오. 그러면 여러분으로부터 달아날 것입니다.
8 하나님을 가까이하십시오. 그러면 하나님도 여러분을 가까이하
실 것입니다. 죄인들이여, 손을 깨끗이 하십시오. 두 마음을 가
진 자들이여, 마음을 성결하게 하십시오.
9 슬퍼하며 탄식하고 통곡하십시오. 여러분의 웃음을 애통으로,
즐거움을 근심으로 바꾸십시오.
10 주 앞에서 낮추십시오. 그러면 여러분을 높이실 것입니다.

---

21 '한패'(필로스, φίλος)는 '친구'로 번역할 수 있지만, 고대의 '친구'는 문맥에 따라 자신의 목숨까지 내줄 수 있는 '동맹'의 의미를 갖는다(참조. 요 15:13).

22 '그 영'의 원문인 '토 프뉴마'(τὸ πνεῦμα)는 '성령'이나 사람의 '영'을 가리킬 수 있고, 문장 안에서 주어가 될 수도 목적어가 될 수도 있다.

23 신 4:24; 수 24:19; 사 26:11; 겔 16:42 참조.

겸손의 회복과 형제 비방의 문제

11 서로 깎아내리듯 말하지 마십시오. 형제자매 여러분, 형제자매를 깎아내리려 말하거나 그의 형제자매를 심판하려 하는 사람은 율법을 깎아내리려 말하고 율법을 심판하는 것입니다. 하지만 만일 당신이 율법을 심판하면, 율법을 행하는 자가 아니고 도리어 재판관이 되는 것입니다.

12 율법을 세우신 분도 재판관도 한 분이시니, 구원하기도 하고 멸망시키기도 하실 능력이 있으신 그분뿐입니다. 그 이웃을 심판하는 당신은 누구입니까?

세속적인 크리스천 사업가들과 종말의 지혜

13 이제 잘 들으십시오. '오늘이나 내일이나 우리가 아무 도시에 가서 거기서 일 년 동안 행하며 돌아다니고 장사하여 이익을 남기리라'고 말하는 여러분이여,

14 그 누구도 내일 어떤 일이 있을지, 혹은 여러분의 생명이 어찌될지 전혀 알지 못합니다. 여러분은 잠시 나타났다가 조금 후에 금방 사라져 버리는 안개이기 때문입니다.

15 그래서 여러분은 그 대신, '만일 주께서 원하시면, 우리가 살고 또 이것이나 저것도 하리라'고 말해야 마땅합니다.

16 그런데 이제 여러분은 여러분의 교만 속에서 허탄한 자랑을 일삼으니, 이런 종류의 자랑은 모두 악한 것입니다.

17 그러므로 선을 행할 줄 알고도 행하지 않으면, 그에게 죄가 되는 것입니다.

5장

세속적이고 불의한 부자의 부와 종말의 반전

1 이제 들으시오, 부한 자들이여. 당신들에게 다가오는 고통으로
인해 통곡하며 우십시오.
2 당신들의 재물은 썩었고, 옷은 좀이 먹었습니다.
3 당신들의 금과 은은 녹슬었고, 그 독(毒)이 당신들에게 증거가 될
것입니다. 끝내 불과 같이 당신들의 살을 먹을 것입니다. 아, 당
신들은 이 마지막 날들에 재물을 쌓은 것입니다.
4 보시오. 당신들의 밭을 일군 일꾼들의 삯, 당신들에 의해 탈취당
한 그 삯이 소리 내어 울고 있습니다. 또, 추수한 일꾼들의 부르
짖음이 이미 만군의 주의 귀에 들렸습니다.
5 당신들은 땅에서 사치하고 방탕했으니, 도살의 날에 마음을 살
찌게 한 것입니다.
6 당신들은 그 의로운 자를 정죄하고 죽였지만, 그는 당신들에게
대항하지 않았습니다.

오래 참음과 주께서 주시는 결말(5:7-20)

주의 강림과 오래 참음

7 그러므로 형제자매들이여, 주께서 임하시기까지 오래 참으십시
오. 보십시오. 농부는 땅에서 나는 귀한 열매를 바라고 오래 참
으며, 이른 비와 늦은 비가 오기까지 기다립니다.
8 여러분 역시 오래 참으십시오. 여러분의 마음을 확정하십시오.
주의 강림이 임박해 있기 때문입니다.

9 여러분, 서로를 대하여 불평하지 마십시오. 심판받지 않기 위함
입니다. 보십시오. 재판관이 문 앞에 서 계십니다.
10 여러분, 여러분은 선지자들의 고난과 오래 참음의 증거를 가지
고 있습니다. 그들은 주의 이름으로 말했던 것입니다.
11 보십시오. 우리가 그 인내하는 자들을 축복합니다. 여러분이 욥
의 인내를 들었습니다. 그리고 주의 결말을 보았습니다. 주는 참
으로 긍휼이 많으시고 자비하신 분입니다.

맹세, 말의 회복으로서의 기도, 그리고 열매

12 무엇보다 먼저, 나의 형제자매 여러분, 하늘로도 땅으로도 또한
다른 어떤 것으로도 맹세하지 마십시오. 여러분의 '예'는 '예'가
되게 하고 '아니오'는 '아니오'가 되게 하십시오. 이는 여러분이
심판에 떨어지지 않게 하기 위함입니다.
13 여러분 중에 누가 고난을 당합니까? 그로 하여금 기도하게 하십
시오. 누가 즐거워합니까? 찬송하게 하십시오.
14 여러분 중에 누가 병들었습니까? 교회의 장로들을 청하여 그에
게 주의 이름으로 기름을 바르고 그를 위해 간구하게 하십시오.
15 믿음의 기도는 병든 자를 구원하여 주께서 그를 일으키실 것입
니다. 혹시 죄를 행한 것이 있다면, 그가 사함을 얻을 것입니다.
16 그러므로 서로 그 죄들을 고백하고 서로를 위해 기도하여 치유
받도록 하십시오. 의로운 자의 간구는 많은 능력을 발휘합니다.
17 엘리야는 우리와 같이 고난을 경험하면서, 비가 오지 않기를 간
절히 기도한즉 삼 년 육 개월 동안 땅에 비가 오지 않았고,
18 다시 기도한즉, 하늘이 비를 내려 주고 땅은 열매를 내었습니다.

진리의 말씀과 구원

19 나의 형제자매 여러분, 만일 여러분 가운데 어떤 이가 진리에서
떠나 속아 길 잃고 헤맨다면, 누구든 그를 돌이키십시오.
20 그로 하여금 알게 하십시오. 죄인을 그 속아 벗어난 길에서 돌아
서게 한 자는, 그의 영혼을 사망에서 구원하고 허다한 죄를 덮는
것입니다.

베드로전서

세상 속의 교회

1장

인사말, '택하신, 흩어진, 여행자' 된 교회에게(1:1)

1 베드로, 예수 그리스도의 사도는, 본도, 갈라디아, 갑바도기아,
아시아와 비두니아에 택하심을 받고 흩어진 여행자들,

택함받은 교회: 세상으로부터 불러내신 교회(1:2-2:10)

교회란 무엇인가

2 곧 하나님 아버지의 미리 아심을 따라, 성령의 거룩하게 하심으
로써, 예수 그리스도의 순종과 그의 피 뿌림에 이르는[1] 여러분에
게, 은혜와 평강이 넘치기를 기원합니다.

1 '예수 그리스도의 순종'의 2격은 주격으로도('예수 그리스도의 순종하심') 목적격으로도('예수 그리스도를 순종함') 해석될 수 있다. '피 뿌림'은 출애굽 모티브를 암시한다.

영광스러운 구원, '이미, 지금도, 그리고 아직'

3 찬송하리로다! 하나님 우리 주 예수 그리스도의 아버지께서 그
의 풍성한 긍휼을 따라, 예수 그리스도를 죽은 자 가운데서 일으
키심으로써, 우리를 거듭나게 하사 살아 있는 소망을 주셨습니
다.
4 이는 썩지 않고 더럽지 않고 쇠하지 않는 유산에[2] 관한 것인데,
곧 우리를 위하여 하늘에 간직되어 있는[3] 것입니다.
5 또한 우리는, 마지막 때에 나타내기로 예비하신 구원을 위하여
믿음을 통하여 하나님의 능력으로 보호받고 있는 중입니다.
6 이로써 지금은 잠시 여러 가지 시험 때문에 근심할 수밖에 없지
만 오히려 크게 기뻐합니다.
7 여러분의 믿음의 시련이 불에 의해 녹아 없어질 금보다 훨씬 귀
하여 지금도 연단되고 있는 것은, 예수 그리스도께서 나타나실
때에 칭찬과 영광과 존귀 가운데 드러나기 위함입니다.
8 여러분은 그분을 본 적이 없지만 사랑합니다. 아직은 그를 보지
못하지만 믿으며, 말로 표현할 수 없이 영광스럽게 된[4] 기쁨으로
기뻐합니다.
9 이로써 믿음의 결국 곧 구원을 얻어 가고 있는 것입니다.

하늘과 땅의 최대 관심사

10 그 구원에 관해서는, 여러분에게 임할 은혜를 예언했던 선지자
들이 간절히 찾고 또 샅샅이 살폈던 바입니다.
11 그들은 저희 안에서 그리스도의 고난과 그 후에 올 영광들에 대

2 '유산'(클레로노미안, κληρονομίαν)은 '약속을 따라 주어진 기업, 땅, 나라'를 가리킨다.
3 '간직되어 있는'(테테레메넨, τετηρημένην)은 완료형인데 이미 예비되어 있음을 가리킨다.
4 '영광스럽게 된'(데독싸스메네, δεδοξασμένη)은 완료형으로 이미 영광이 주어져 있음을 뜻한다.

하여 미리 증거하여 보이신 그리스도의 영을 따라, 어느 시, 어
떤 때를 가리키는지 살폈습니다.
12 그들에게 계시되었던 것은, 그들 자신을 위한 것이 아니라 여러
분을 위하여 섬긴 것이며, 그것은 하늘로부터 보내심을 받은 성
령을 힘입어 복음 전하는 자들을 통해 여러분에게 알려진 것이
요, 천사들도 굽혀 살펴보기를 간절히 원하는 것입니다.

구원은 이동이다

13 그러므로 여러분의 마음의 허리를 동여매어 정신을 차리고, 예
수 그리스도께서 나타나실 때에 여러분에게 가져오실 은혜에
온전히 소망을 두십시오.
14 순종하는 자녀들로서, 이제 여러분은 이전에 알지 못한 채로 정
욕을 따라 행하던 방식대로 행하지 마십시오.
15 도리어 여러분을 부르신 거룩하신 분을 따라, 여러분 자신도 행
하는 모든 일에 거룩한 자들이 되십시오.
16 왜냐하면 '너희는 거룩한 자들이 되어라. 이는 내가 거룩하기 때
문'이라고 기록되었기 때문입니다.
17 만일 여러분이 차별 없이 각자의 행위를 따라 공정하게 심판하
실 그분을 아버지라 부를진대, 이 땅을 잠시 지나갈 때를 두려움
으로 보내야 할 것입니다.
18 마땅히 알 것은, 조상 대대로 전해 내려오는 허망한 행실들로부
터 여러분이 속량(贖良)된 것은 썩어질 금이나 은으로써가 아니라,
19 흠도 점도 없는 어린양 같은 그리스도의 보배로운 피로 대신 값
주고 되었다는 사실입니다.
20 그는 세상의 기초가 놓이기 전에 미리 알려진 바 되신 자로서,
이제 시간의 마지막 때에 여러분을 위하여 나타내신 바 된 분이

십니다.
21 여러분은 그를 통하여 하나님, 곧 죽은 자 가운데서 그를 일으키
시고 그에게 영광을 주신 하나님을 믿는 자들입니다. 이렇게 하
심은 여러분의 믿음과 소망이 하나님께 있게 하기 위함입니다.

세상을 이기는 말씀

22 진리를 순종함으로 여러분의 마음이 거룩해진 가운데, 거짓 없
이 형제를 사랑하기에 이르고, 깨끗한 마음으로 서로 뜨겁게 사
랑하십시오.
23 여러분이 거듭나게 된 것은 썩어지는 씨앗으로부터 된 것이 아
니라, 하나님의 썩지 않고 살아 있고 항상 있는 말씀으로 말미암
아 된 것입니다.
24 그러므로 모든 육체는 풀과 같고 그 모든 영광은 풀의 꽃과 같아
서, 풀은 마르고 꽃은 떨어지지만,
25 주께서 하신 말씀은 영영히 거합니다. 이것이 또한 여러분에게
전해진 그 복음의 말씀입니다.

2장

살아 있는 교회, 세상의 제사장

1 그러므로 모든 악한 것, 속이는 것과 위선, 또한 온갖 시기와 남
을 헐뜯는 모든 말을 벗어던져 버리고,
2 갓 태어난 어린아이처럼 그 영적 본성에 합당한 순전한 젖을 갈
망하십시오.
3 이로써 주의 선하심을 맛보며 구원에 이르기까지 자라도록 하

기 위함입니다.
4 바로 그분에게, 여러분이 나아옵니다. 그분은 사람들에게 쓸모
없다고 버림을 받았으나, 하나님께는 택하심을 받은 존귀한 살
아 있는 돌입니다.
5 그리고 여러분도 역시 살아 있는 돌들처럼 성령의 전(殿)으로 지
음받아 가고 있는데, 이는 예수 그리스도를 통하여 하나님께서
받으실 만한 신령한 제물을 가져오는 제사장직을 위한 것입니
다.
6 이는 성경에 기록되어 있는바, '보라, 내가 택한 보배로운 모퉁
잇돌을 시온에 두노라. 그를 믿는 자는 부끄러움을 당하지 아니
하리라'[5] 한 것과 같습니다.
7 그러므로 믿는 여러분에게는 보배이지만, 믿지 않는 자들에게
는 '건축자들이 쓸모없다고 버린 돌인데, 이것이 모퉁이의 머릿
돌이 된'[6] 것입니다.
8 곧 '걸려 넘어지는 돌이요 부딪히는 반석입니다.'[7] 그 말씀을 믿
지 않음으로써 걸려 넘어지는 것이요, 이는 또한 그렇게 될 수밖
에 없는 것입니다.
9 하지만 여러분은 택하심을 받은 족속이고 제사장 나라이며,[8] 거
룩한 민족이고[9] 또한 그의 소유된 백성입니다. 이는 어둠에서부
터 여러분을 불러내셔서 그의 기이한 빛 안으로 들어가게 하신
분의 덕을 널리 전파하게 하려 하심입니다.
10 여러분은 이전에 하나님의 백성이 아니었지만, 지금은 하나님

---

5 사 28:16.

6 시 118:22.

7 사 8:14.

8 '제사장 나라'(바실레이온 히에라튜마, βασίλειον ἱεράτευμα)는 출 19:6(LXX)에서와 같이 언약 백성에게 주어진 정체성과 사명을 가리킨다.

9 개역개정의 '거룩한 나라'에서 '나라'에 해당하는 원문은 '민족'(에뜨노스, ἔθνος)이다.

의 백성입니다. 여러분은 긍휼을 얻지 못했지만, 지금은 그 긍휼
을 입은 사람들입니다.

선한 양심의 순례:
세상을 지나 하늘에 이르는 교회(2:11-3:22)

자유한 하나님의 종

11 사랑하는 여러분, 체류하는 외국인이나 여행자 같은 교회에 권
합니다. 영혼을 거슬러 싸우는 악한 정욕들을 붙잡지 마십시
오.[10]
12 이방인 가운데서 여러분의 행실을 선하게 가지십시오. 이는 저
들이 여러분더러 악을 행하는 자들이라 비방할 때, 그 선한 행실
들을 주목하게 됨으로써, 하나님께서 돌아보시는 날에 그분께
영광을 돌리게 하기 위함입니다.
13 그러므로 여러분은 인간들에 의해 인정된 모든 창조 질서에 주
를 위하여 순복하십시오. 위에 있는 최고 통치자에게든지,
14 또는 그에 의해 행악하는 자들을 벌주고 또 선행하는 이들을 상
주기 위해 보냄받은 관리들에게든지 그렇게 하십시오.
15 왜냐하면, 이같이 하여 선한 행실들로 어리석은 자들의 무지함
을 침묵시키는 것이 하나님의 뜻이기 때문입니다.
16 자유하나 그 자유로 악을 가리는 데 쓰지 말고, 도리어 하나님의
종들과 같이 하십시오.
17 모든 사람을 존귀하게 대하고, 믿음의 형제들을 사랑하며, 하나

10 '붙잡지 마십시오'(아펙헤스따이, ἀπέχεσθαι)의 원래 의미는 '소유하지 마십시오'인데, 12절의 행실을 선하게 '가지십시오'(엑혼테스, ἔχοντες)와 정확히 대조를 이룬다.

님을 두려워하고 주권자를 존중하십시오.

세상 속으로 부르신 목적

18 종들은 모든 일에 (하나님께 대한) 경외심으로 주관자들에게 순복하되,
단지 선하고 관용하는 자들에게만 아니라 완악한 자들에게도
그렇게 하십시오.
19 만일 어떤 사람이 불의하게 고난을 겪으며 하나님을 아는 양심
으로[11] 인해 슬픔을 견딘다면, 이것은 은혜로운 일이기 때문입니
다.
20 만일 여러분이 죄를 짓고 곤란을 당하며 인내하면 무슨 덕이 있
겠습니까? 하지만 만일 선을 행함으로 고난을 당하며 참으면,
이것은 하나님 앞에서 은혜로운 일인 것입니다.
21 이를 위하여 여러분이 부르심을 입었습니다. 그리스도께서도
여러분을 위하여 고난을 받으셔서 여러분에게 본을 남기신 것
은, 여러분이 그의 발자취를 따라오게 하려 하심입니다.
22 그분은 죄를 짓지 않으셨고, 그분의 입에서는 그 어떤 속임수도
찾을 수 없었습니다.
23 그분은 모욕을 당하셨지만 되갚아 모욕하지 않으셨고, 고난을
당하셨지만 협박하지 않으셨으며, 공의롭게 판단하시는 심판주
께 맡기셨습니다.
24 그리고 십자가에서 우리의 죄를 그분의 몸으로 친히 담당하셨
습니다. 이는 우리로 하여금 그 죄들과 상관없게 하시며, 그 의
에 대하여 살고, 그분의 상처로 낫게 하심입니다.
25 그러므로 여러분은 길 잃은 양들과 같았지만, 이제는 여러분의

11 '양심'(순에이데신, συνείδησιν)의 원뜻은 '함께 알고 있는 것'을 가리킨다(참조. 3:16).

영혼을 돌아보시는 이시요 목자 되신 그분께로 돌아온 것입니
다.

3장

제사장 된 아내

1 이와 같이, 아내들은 각기 남편들에게 순복하기를 바랍니다. 이
는 또한 만일 어떤 남편들이 말씀을 믿지 않는 경우, 혹시 주께
서 그 아내들의 말 없는 행실로 인해 그들을 얻으시기 위함입니
다.
2 그것은 그들이, 주를 두려워함으로 행하는 여러분의 정결한 행
실을 주목하여 보기 때문입니다.
3 여러분은 겉으로 머리를 꾸미고 금으로 두르고 화려한 옷으로
꾸미는 자가 되지 마십시오.
4 도리어 그 마음에 숨은 사람을 성령의 온유함과 화평함의 썩지
않을 것으로 단장해야 할 것입니다. 이런 여인이 하나님 앞에 귀
하게 여김을 받는 것입니다.
5 왜냐하면 이와 같이, 전에도 하나님께 소망을 둔 거룩한 부녀들
이 그 남편들에게 순복함으로써 자신을 단장하였기 때문입니
다.
6 사라가 아브라함을 주로 부르며 순복하였듯이, 여러분도 아름
다운 것을 행함으로써 그리고 아무런 놀랄 일에도 두려워하지
않음으로써, 그의 딸들이 되는 것입니다.
7 남편들도 이와 같이, 아내들을 여성인 이유로 더 연약한 그릇으
로 여겨 지식을 따라 함께 거하고, 생명의 은혜를 함께 유업으로
받을 자로 존귀함으로 대하여, 여러분의 기도가 막히는 일이 없

게 해야 합니다.
8 결론적으로, 모두가 한뜻으로, 함께 고난을 받으며, 서로 우애하
고, 불쌍히 여기며, 자신을 낮추십시오.
9 악을 악으로, 욕을 욕으로 갚지 말고, 도리어 축복해 주십시오.
여러분은 바로 이를 위하여 부르심을 받았기 때문이고, 이로써
복을 유업으로 받기 위함입니다.
10 그러므로 생명을 사랑하고 좋은 날 보기를 원하는 사람은, 그 혀
의 악한 말들을 그치고, 그 입술로 속이는 말들을 하지 말아야
합니다.
11 또한 악한 일에서 돌아서며, 선을 행하고, 화평을 구하며 이를
좇아야 합니다.
12 왜냐하면 주의 눈은 의인들을 주목하시며, 그의 귀는 그들의 기
도를 들으시기 때문입니다. 하지만 주의 얼굴은 악을 행하는 자
들을 대하고 계십니다.

선한 양심으로 세상과 소통하라

13 만일 여러분이 선한 일에 열심을 내는 사람들이 되면, 여러분을
괴롭히는 자들은 어떤 자들이겠습니까?
14 하지만 만일 여러분이 의를 인하여 고난을 당하는 자들이 되면,
여러분은 복 있는 사람들입니다. 그들이 두려워하는 그런 두려
움에 휩싸이거나 흔들리지 마십시오.
15 여러분의 마음 가운데 주 되신 그리스도를 거룩히 구별하여 모
시고, 여러분 안에 있는 소망에 관하여 묻는 모든 이에게 대답할
말을 위해 항상 준비하고 있으십시오.
16 하지만 온유함과 두려움으로 하고, 선한 양심을 가지십시오. 이
는 여러분이 대적하는 말들을 들을 때에, 그리스도 안에서 여러

분의 선한 행실을 비방하는 자들이 도리어 부끄러움을 당하게
하기 위함입니다.
17 만일 사람이 하나님의 뜻을 행하기를 원한다면, 선을 행하다가
고난을 당하는 것이 악을 행하다가 그렇게 되는 것보다 훨씬 낫
기 때문입니다.

여행의 목적지, 드디어 하늘에 이르는 교회

18 또한 그리스도께서도 죄에 관하여 단번에 고난을 당하셨으며,
의로운 자로서 불의한 자들을 대신하셔서 여러분을 하나님께로
인도하셨기 때문입니다. 그는 육으로는 죽임을 당하시고 영으
로는 살아남을 입으셔서,
19 이로써 또한 옥에 있는 영들에게 가셔서 선포하셨는데,
20 그들은 노아의 날들에 방주가 만들어지던 때, 하나님께서 오래
참으심으로 기다리실 그때에 순종하지 않았던 자들이었습니다.
그 방주에 있던 적은 사람들, 곧 여덟 명만이 물을 통해 구원을
얻었습니다.
21 이것은 또한 이제 우리를 구원하는 모형인데 곧 세례로서, 육의
더러운 것을 벗어 버리는 것만이 아니라, 그리스도의 부활하심
을 통해 선한 양심이 하나님을 향하여 찾아가는 것입니다.[12]
22 그분은 하늘에 가셔서 하나님 보좌 우편에 계시고, 천사들과 권
세들과 능력들은 그에게 순복하게 된 것입니다.

---

12 '선한 양심이 하나님을 향하여 찾아가는 것이라'는 개역한글 번역을 복원한 것이다. 문맥 안에서 선한 양심의 길은, 노아의 방주뿐 아니라 세례와 함께, 그리스도께서 하나님 보좌 우편에 이르시는 부활-승천의 방향성에 일치한다.

4장

세상에 뿌려진 말씀: 세상에 흩어진 교회(4:1–5:14)

'남은 날들'을 사는 법

1 그러므로 그리스도께서 육적으로 고난을 받으셨으니, 이와 같
이 여러분도 똑같은 생각으로 무장하십시오. 왜냐하면 육적으
로 고난을 받은 자가 죄로부터 안식을 누리기 때문입니다.
2 이는 육 안에서 사는 남은 날들을, 사람의 정욕을 위해서가 아니
라 하나님의 뜻을 좇아 살게 하기 위함입니다.
3 왜냐하면 여러분이 이방인들의 원하는 바를 좇아 외설과 탐욕,
술 취함과 환락, 술잔치와 혐오스러운 우상 숭배에 빠져 지내던
것이 이미 지나간 때로 족하기 때문입니다.

세상에서 낯설게

4 이로써 여러분이 낯선 사람들처럼 여겨지는 것은, 그들처럼 하
나님께 모독이 되는 극한 방탕의 길로 함께 내달리지 않는 까닭
입니다.
5 하지만 그들은 산 자와 죽은 자를 심판하기로 예비하신 그분께
변명해야 할 것입니다.
6 이를 위하여 죽은 자들에게도[13] 복음이 전해진 것은, 비록 사람
들을 따라서는 육적으로 심판을 받았지만 하나님을 따라서는
영적으로 살게 하기 위함입니다.

---

13 여기서 '죽은 자들'은 5절에서와 마찬가지로 주의 재림 전에 잠든 성도들과 죽은 사람들을 가리킨다(참조. 행 10:42; 딤후 4:1).

여행자와 제사장 된 교회 안에서

7 이제 모든 일의 끝이 가까이 왔습니다. 그러므로 현명하게 판단
하고 기도 중에 깨어 있어야 합니다.
8 무엇보다, 여러분은 끝까지 서로 사랑하여야 합니다. 사랑은 허
다한 죄를 덮어 주기 때문입니다.
9 또한 서로 나그네처럼 대접하기를 불평 없이 하십시오.
10 이처럼 각자 은사를 받은 대로 서로를 섬기되, 하나님의 여러 가
지 은혜를 받은 선한 청지기들처럼 하십시오.
11 만일 누가 말하려면 하나님의 말씀을 하는 것같이 하고, 만일 누
가 섬기려면 하나님께서 공급하시는 힘으로 하는 것처럼 하십
시오. 이로써 모든 일에 하나님께서 예수 그리스도를 통하여 영
광을 받고자 하려 하시는 것입니다. 그에게 영광과 권능이 세세
에 무궁토록 있고 진실로 그러합니다.

고난, 이렇게 바라보라

12 사랑하는 여러분, 여러분 가운데 시험하는 불같은 시련을 여러
분을 덮치는 어떤 낯선 것처럼 낯설게 여기지 마십시오.
13 오히려, 그리스도의 고난에 참여할수록 더욱 기뻐하십시오. 이
는 그의 영광이 나타날 때에 또한 말할 수 없이 기뻐하기 위함입
니다.
14 만일 그리스도의 이름 때문에 여러분이 모욕을 당한다면, 실로
복 있는 자들입니다. 왜냐하면 하나님의 영광이 여러분 위에 임
하여 머물러 계시기 때문입니다.
15 참으로, 여러분 중에는 그 누구도 살인자나 도둑이나 악을 행한
자나 남의 일에 간섭하여 문제만 일으키는 자가 되어 고통을 당
하는 일이 없게 하십시오.

16 하지만 만일 그리스도인으로서 고난을 당하는 것이면, 그로 하
여금 부끄럽게 여기지 말게 하고 도리어 이 이름으로 하나님께
영광을 돌리게 하십시오.
17 왜냐하면, 심판이 하나님의 집을 떠나 시작될 때가 되었으니, 만
일 우리에게 먼저 시작된 것이면, 하나님의 복음을 믿지 아니한
자들의 끝이 어떻게 되겠습니까?
18 그리고 만일, 의인이 겨우 구원을 받으면 경건하지 않은 자와 죄
인이 어디에 서겠습니까?
19 그러므로 하나님의 뜻을 좇다가 고난을 당하는 자들은 선을 행
하는 가운데 그들의 목숨을 신뢰할 만한 창조주께 맡기십시오.

5장

이것이 참된 은혜!

1 여러분 가운데 장로들에게, 이와 같이 함께 장로 된 자요 그리스
도의 고난의 증인이며 또한 장차 계시될 영광에 참여할 자로서
권면을 드립니다.
2 여러분 가운데 있는 하나님의 양 무리를 돌볼 때에, 억지로 하지
말고 하나님을 따라 자원하는 마음으로 하며, 더러운 이익을 얻
기 위해서가 아니라 오직 열정을 가지고 목양하십시오.
3 결단코 자신에게 맡겨진 양들 위에 군림하는 자세로 할 것이 아
니라, 오직 양 무리의 본이 되십시오.
4 그렇게 하면, 목자장께서 나타나실 때에 시들지 않는 영광의 면
류관을 얻게 될 것입니다.
5 마찬가지로, 젊은이들은 장로들에게 순복하십시오. 모두가 서

로에게 낮은 마음으로 허리를 동이십시오. 하나님께서 교만한
자는 대적하시고 낮추는 자들에게는 은혜를 주시기 때문입니
다.
6 그러므로 여러분은 하나님의 권능의 손 아래서 낮아지십시오.
때가 되면 하나님께서 여러분을 높이실 것입니다.
7 여러분의 모든 염려를 그분께 맡겨 버리십시오. 왜냐하면 그분
께서 여러분을 돌보시기 때문입니다.
8 정신을 차리고 깨어 있으십시오. 여러분의 대적 마귀가 울부짖
으며 삼킬 자를 찾아 돌아다니고 있습니다.
9 세상에 처한 여러분의 형제들에게도 동일한 고난이 채워지고
있음을 앎으로써, 믿음에 서서 그를 굳세게 대적하십시오.
10 모든 은혜의 하나님, 곧 그리스도 예수 안에서 그의 영원한 영광
에 이르게 하시고 여러분을 부르신 분께서 잠시 고난을 당한 여
러분을 친히 회복하시며, 굳게 서게 하시고, 강하게 하시며, 터
를 견고하게 하실 것입니다.
11 그분께 권력이 세세 무궁토록 있을 것입니다. 아멘.
12 내가 믿음의 형제로 여기는 실루아노를 통해 여러분에게 간단
히 쓴 것은, 여러분을 위로하고 또한 이것이 그 안에서 여러분이
굳게 서야 할 하나님의 참된 은혜임을 증거하기 위한 것입니다.
13 바벨론에 있는 함께 택하여 부르심을 받은 교회 여러분에게 문
안하고, 나의 아들 마가도 그리합니다.
14 여러분도 서로 사랑의 입맞춤으로 문안하십시오. 그리스도 안
에 있는 여러분 모두에게 평강이 있기를 기원합니다.

베드로후서

교회 속의 세상

1장

사도 베드로의 편지(1:1)

1 시몬 베드로, 예수 그리스도의 종이요 사도가, 우리 하나님과 구
주 예수 그리스도의 의로 말미암아 동일한 믿음을 받은 여러분
에게,

신적 성품과 성경 해석: 거짓 가르침에 대한 종합적인 해법(1:2-21)

하나님을 앎으로 '신적 성품'에 참여함

2 우리 하나님과 주 예수를 앎으로 말미암아, 은혜와 또한 평강으
로 차고 넘치기를 기원합니다.
3 생명과 경건에 이르게 할 그의 모든 신적 능력이 여러분에게 주

신 바 되었으니,[1] 이는 자신의 영광과 덕으로써 우리를 부르신
분을 앎으로써,
4 주신 바 된 그 존귀하고 지극히 큰 약속을 통하여, 우리로 하여
금 썩어질 정욕 가운데 있는 세상으로부터 벗어나, 신적 성품에
참여하는 자들이 되게 하려 하심입니다.
5 그래서 바로 이것을, 모든 열심을 다 쏟아부어, 여러분의 믿음에
덕을, 덕에 지식을,
6 지식에 절제를, 절제에 인내를, 또한 인내에 경건을,
7 경건에 형제 우애를, 형제 우애에 사랑을 공급하십시오.

신적 성품의 성장과 종말의 구원

8 그러므로 이것들이 여러분에게 갖추어져 있고 풍성히 넘치도
록, 예수 그리스도를 아는 지식에 게으르지 않고 열매 없는 자로
드러나지 않게 하십시오.
9 왜냐하면 이런 것들이 수반되지 않는 자는 멀리 보지 못하는 맹
인으로서, 도리어 그의 옛 죄들을 깨끗하게 하신 것을 잊게 되기
때문입니다.
10 그러므로 형제 여러분이여, 여러분의 부르심과 택하심을 견고
하게 만드는 일에 더욱 열심을 다하십시오. 이것을 행하고 있으
면, 어느 때고 실족하지 않을 것입니다.
11 왜냐하면 이렇게 함으로써 우리 주요 구주이신 예수 그리스도
의 영원한 나라에 들어감이 여러분에게 풍성하게 공급될 것이
기[2] 때문입니다.

---

1 '주신 바 되었으니'(데도레메네스, δεδωρημένης)는 '이미 주어져서 지금도 역사하고 있다'는 의미이며, 4절에서 그 지극히 큰 약속이 '주신 바'(데도레타이, δεδώρηται) 된 것과 짝을 이룬다.

2 '공급될 것이기'(에픽호레게떼세타이, ἐπιχορηγηθήσεται)는, 7절의 '공급하십시오'(에픽호레게사테, ἐπιχορηγήσατε)와 짝을 이룬다.

'기억'해야 할 주의 '오심'

12 그러므로 여러분이 이미 알고 있고 또한 진리의 오심으로 말미
암아 굳게 세우심을 입은 바 된 것처럼, 여러분에게 이것들에 관
해 항상 기억나게 하고자 합니다.
13 무엇보다 내가 아직 이 장막에 거하는 동안은, 여러분을 기억나
게 함으로써 깨어 있게 하는 것이 옳다고 생각하는 것입니다.
14 그것은 내가 이 장막을 떠날 때가 임박했다는 것을 알기 때문이
고, 또한 이와 같이 우리 주 예수 그리스도께서 나에게 밝히 알
려 주셨습니다.
15 그래서 여러분으로 하여금, 내가 이 세상을 떠난 후에도 이것들
을 항상 기억하도록 힘쓰려 합니다.
16 우리가 여러분에게 우리 주 예수 그리스도의 능력과 강림하심
을 알게 한 것은, 무슨 교묘하게 꾸며 낸 신화(神話)들을 좇는 것이
아니라, 우리는 저 크신 위엄의 목격자들이 되었기 때문입니다.
17 그가 하나님 아버지께로부터 존귀와 영광을 받으시자, 그 어떤
영광스러운 위엄에 의해 소리가 전달되어 이르되, '이는 내 사랑
하는 아들이요 내 기뻐하는 자'라[3] 하셨습니다.
18 우리가 하늘로부터 전달된 이 소리를 들었는데, 그와 함께 그 거
룩한 산에 있었을 때였습니다.

성경적인 성경관과 성경 해석법

19 그런데 우리는 더 견고한 예언의 말씀을 가지고 있습니다. 여러
분은 마치 어두운 곳에 빛이 비치듯이, 날이 밝아져서 여러분의
마음에 새벽 별이[4] 떠오르기까지 이것들에 주의하는 것이 옳습

---

3 '이는 내 사랑하는 아들이요'는 시 2:7, '내 기뻐하는 자'는 사 42:1의 말씀이다(마 3:17; 17:5).
4 '새벽 별'(포스포로스, φωσφόρος)은 가장 이른 아침에 '빛을 가져오는' 별을 가리킨다.

니다.
20 이것을 먼저 알아야 하는데, 모든 예언의 말씀은 자의적으로[5] 해
석되어서는 안 된다는 것입니다.
21 왜냐하면 예언은 어느 때나 사람의 뜻으로 전해진 것이 아니라,
거룩한 성령에 의해 움직이는 사람들이, 하나님에게서 받아 말
한 것이기 때문입니다.

2장

거짓 교사들의 부패한 행실과 확정된 심판: 교만, 탐욕, 그리고 방탕(2:1-11)

거짓 교사들의 특징과 그들의 확정된 멸망

1 그런데 백성 가운데 거짓 선지자들이 생겼고, 또한 이처럼 여러
분 가운데도 거짓 교사들이 있을 것은 당연한 일입니다. 이들은
멸망하게 할 분당(分黨)들을 끌어들일 자들로서, 자신들을 값 주고
사신 주인을 부인한 채, 도리어 임박한 멸망을 자신들에게 끌어
들이는 자들입니다.
2 많은 이가 방탕한 일들을 하는 그들을 좇아 따라나설 것이며, 이
로써 진리의 길이 훼방을 받을 터인데,
3 저들은 탐욕 때문에 지어낸 말들을 가지고 여러분을 상대로 돈
벌이를 할 것입니다. 이러한 자들에게 심판은 옛적부터 멈추지
않는 것이고, 그들의 멸망은 잠들지도 않는 것입니다.

---

5 '자의적으로'(이디아스, ἰδίας)는 원래는 '사적'(私的, private)의 의미이다. 성령과 공교회에 의해 인증될 수 없는, 그래서 '어리석은'(영어로, idiot) 성경 해석을 가리킨다.

확정된 멸망, 구약의 판례

4 왜냐하면 하나님께서는 범죄한 천사들을 아끼지 않으시고, 흑
암의 사슬로 결박해서 심판 때까지 삼 겹의 어둠으로 둘러싸인
죽음의 처소에 던져 넣으셨기 때문입니다.
5 또한 옛 세상을 아끼지 않으셨는데, 여덟 번째 사람 곧 의의 전
파자 노아를 불경건한 자들의 세상에 덮친 큰 홍수로부터 지켜
주셨던 것입니다.
6 또한 잿더미가 된 도시들인 소돔과 고모라에 파멸을 선고하심
으로써, 장차 있을 불경건한 자들에게 표본으로 남게 하셨고,
7 한편, 의로운 롯은 하나님 없이 무법한 자들의 방종한 행실들에
의해 고통당하던 중에 건져 냄을 받은 것입니다.
8 이는, 그 의인이 그들 가운데 처하여, 날이면 날마다 보여지고
또 들려지는 것들에 의해, 그 의로운 영혼이 그들의 무법한 행위
들로 시달렸기 때문입니다.
9 주께서는 경건한 자들을 시험에서 건져 내시고 불의한 자들은
심판 날에 형벌을 받도록 가두어 두어야 함을 알고 계십니다.
10 무엇보다, 더러운 정욕으로 육체를 뒤쫓아 다니는 자들과 주권
자들을 우습게 여기는 자들, 함부로 날뛰며 자기밖에 모르는 자
들에게 그러할 것입니다. 이들은 두려워 떨지 않고 영광들을 모
독하는 자들인데,
11 하지만 힘과 능력이 더 큰 천사들이라도, 그 영광들을 모독하는
송사는 하지 않았습니다.
12 이자들은 생각 없는 짐승들로서 잡혀 썩어지기 위해 태어난 종
자들인데, 자신들의 무지 때문에 모독을 일삼다가, 그들의 썩어
짐 가운데서 썩어지는 자들입니다.
13 불의한 삯으로 불의를 당하고, 대낮에 호화로운 잔치를 쾌락으

로 여기며, 여러분과 함께 먹을 때에 자신들의 속임수로 먹고 마
시며 흥청거리는 오점과 수치입니다.
14 그들은 음심이 가득한 눈을 가지고 죄짓기를 그치지 않으며, 굳
세지 못한 영혼들을 유혹하는 자들로서, 탐욕에 연단된 마음을
가진, 저주의 자식들입니다.
15 곧은길을 내팽개치고 미혹되어, 브올의 아들 발람의 길로 좇아
갔는데, 이는 불의의 삯을 사랑했기 때문입니다.
16 하지만 그도 자신의 불법으로 인하여 꾸짖음을 들었는데, 말 못
하는 나귀가 꺽꺽거리며 사람의 소리를 내어 그 선지자의 미친
것을 막아섰던 것입니다.

거짓 교사들의 정체와 결말

17 이자들은 물 없는 샘이요 광풍에 휩쓸려 가는 안개이며, 흑암의
그늘에 갇혀 있는 자들입니다.
18 큰 소리로 헛된 자랑을 꺽꺽대고 지껄이며,[6] 속아서 길을 벗어나
게 하는 자들에게서 겨우 피해 나온 이들을, 육체의 정욕을 따라
방탕한 일로 유혹합니다.
19 이들에게 자유를 약속하지만, 정작 그들 자신은 썩어짐에 종속
된 노예들입니다. 누구든 어떤 이에게 지면, 그에게 종이 되는
것이기 때문입니다.
20 그래서 만일 주요 구주이신 예수 그리스도를 아는 지식으로 말
미암아 세상의 더러운 것을 피해 달아났다가, 그런 것들에 다시
얽매이고 지고 나면, 그들에게 그 나중이 처음보다 더 나쁘게 된
것입니다.

6 '꺽꺽대고 지껄이며'(프뗑고메노이, φθεγγόμενοι)는, 16절에서 나귀가 '꺽꺽거리며 … 소리를 내어'(프뗵싸메논, φθεγξάμενον)와 같은 동사의 다른 형태로, 대조적인 짝을 이룬다.

21 그들에게는 그 의(義)의 길을 알지 못하는 편이, 알고 나서 그들에
게 주어진 거룩한 계명들을 저버리는 것보다 나았을 뻔했습니다.
22 참으로, '개들이 토한 것들에게로 돌아갔으며, 돼지가 도로 그
흙탕물에 뒹군다'라는 속담이 그들에게 응한 것입니다.

3장

하나님의 말씀과 세상의 종말, 새 하늘과 새 땅: 종말과 심판을 부인하는 거짓 가르침(3:1-16)

말씀을 기억하라

1 사랑하는 자들이여, 이것은 이미 두 번째 여러분에게 쓰는 편지
입니다. 이것들로써 여러분에게 뒤섞이지 않은 순전한 생각을
기억나게 함으로써 일깨우려는 것인데,
2 곧 거룩한 선지자들에 의해 예언된 말씀과, 여러분의 사도들에
의해 전해진 주요 구주의 계명을 생각나게 하려는 것입니다.

말씀과 거짓 교사들

3 무엇보다 이것을 알아야 하는데, 날들의 마지막에, 제 자신의 정
욕을 따라가며 조롱하는 자들이 조롱하며 올 것입니다.
4 그리고 '그가 오신다는 약속이 어디에 있느냐, 조상들이 잠든 후
에도 만물이 창조의 처음부터 이와 같이 계속 있다'라고 말할 것
입니다.

말씀과 세상의 심판

5 참으로 저들은, 하늘들이 오래전부터 그리고 땅은 물에서부터
나와 물로 말미암아 하나님의 말씀으로 인해 함께 서 있는 이것
을 잊기를 원하고 있는 것입니다.
6 이로써 그때 세상은 물의 홍수로 말미암아 멸망하였지만,
7 이제 하늘들과[7] 땅은 그의 말씀에 의해 보존되고 있으며, 경건하
지 않은 자들의 심판과 멸망의 날을 위한 불의 심판을 위해 간수
되고 있습니다.

말씀과 세상의 재창조

8 하지만 이 한 가지만큼은 여러분이 잊어서는 안 됩니다. 사랑하
는 여러분이여, 그것은 주께는 하루가 천 년 같고 천 년이 하루
같다는 사실입니다.
9 주께서는, 어떤 자들이 늦어진다고 생각하는 것처럼, 그 약속들
을 지체하지 않으십니다. 도리어 우리를 향하여 오래 참으셔서,
누구도 멸망하기를 원하지 않으시고 모든 이가 회개하기에 이
르기를 원하십니다.
10 그러나 주의 날이 도적같이 올 텐데, 그때에 하늘들은 큰 소리와
함께 떠나갈 것이며, (이 세상의) 근본적 원리들이 불에 녹아져 풀어
지고, 땅과 그 안에 있던 일들이 드러나 발견될 것입니다.[8]
11 이로써 이 모든 것이 풀어질 것인데, 여러분은 과연 어떤 사람이
되어야 마땅하겠습니까? 거룩한 행실과 경건함으로써,

---

7 천상적 존재들이 거하는 '하늘들'(우라노이, οὐρανοὶ)은 '3층천, 7층천'의 경우처럼 '여러 층'으로 되어 있음을 뜻한다.

8 NA 28판에서는 '드러나 발견될'(유레떼세타이, εὑρεθήσεται) 대신 그 반대의 의미인 '찾아볼 수 없을 것'(새한글, 욱스 유레떼세타이, οὐχ εὑρεθήσεται)이 선택되었지만, NA 28판의 통계적 방법론이 아직 불안정하며, 전자가 외적 증거로나 문맥 안에서 내적 증거로나 더 적합한 독법이다.

12 하나님의 날이 임하기를 바라보며 열망하십시오. 그로 인해 하
늘들이 떠나가 풀어지고 근본적 원리들이[9] 불에 타 녹아질 것입
니다.
13 하지만 우리는 그의 약속을 따라 새 하늘과 새 땅, 의가 거하는[10]
그곳을 바라봅니다.
14 그러므로 사랑하는 여러분, 이것들을 바라봄으로 점도 흠도 없
이, 평강 가운데서 그에게 발견되기를 힘쓰십시오.

종말에 관한 말씀과 성경 해석

15 우리 주의 오래 참으심을 구원으로 여기십시오. 이처럼 또한 사
랑하는 우리의 형제 바울도 하나님께서 그에게 주신 지혜를 따
라 여러분에게 썼습니다.
16 그리고 또한 그의 모든 서신에서 이런 것들에 대해 말하는 것처
럼, 거기에 이해하기 힘든 어떤 것들이 있고, 훈련되지 못하고
견고히 서지 못한 자들이 나머지 서신들도 이렇게 왜곡하여 그
들 자신의 멸망을 초래하는 것입니다.

하나님을 아는 지식과 신적 성품의 성장(3:17-18)

17 그러므로 너희, 사랑하는 여러분이여, 이것을 이미 알았은즉 경
계하여, 저들과 함께 휩쓸려 자신의 굳게 선 데에서부터 이탈함
으로 그 무법(無法)한 속임수에 빠지지 않도록 자신을 지키십시오.

---

9 '근본적 원리들'(스토이케이아, στοιχεῖα)이란, 피조 세계의 구조를 떠받치는 보이고 또 보이지 않는 요소들, 법칙들, 질서들, 능력들, 권세들을 포함할 것이다(참조. 갈 4:3, 9; 골 2:8, 20).

10 '거하는'(카토이케이, κατοικεῖ)은, '제 집에 들어가 사는 것처럼' 잘 들어맞아 영구히 보전된다는 뜻이다.

18 도리어 여러분은 우리 주요 구주이신 예수 그리스도를 앎으로
써, 오직 그 은혜 안에서 자라 가십시오. 그에게 영광이 이제와
영원토록 있을지어다.

요한일서

세상을 이기는 교회

1장

코이노니아, 탄생과 소속(1:1-10)

근거

1 그것은 태초부터[1] 있어 온, 우리가 들었고 우리 눈으로 보았던
것, 그리고 주목하여 우리 손으로 만진 바 되었던 그 생명의 말
씀에 관한 것입니다.
2 그 생명은 나타내신 바 되었고, 우리는 보았으므로 증거하여 여
러분에게 그 영원한 생명을 전하는데, 이는 아버지와 함께 있다
가 우리에게 나타내신 바 된 것입니다.

1 '태초부터'(아프 아륵헤스, ἀπ' ἀρχῆς)는 '맨 처음, 시작'을 뜻하는데, 그 시점은 문맥 안에서 달라질 수 있다. 한 시작점을 염두에 두고 여러 시작점을 포괄하는 '중의적' 의미로 사용되기도 한다(2:7, 13, 14, 24; 3:8, 11).

탄생

3 우리는 보았고 들었던 것을 여러분에게 전하고 있습니다. 이는
여러분도 우리와 함께 사귐을[2] 가지게 하려는 것이며, 이는 우리
아버지와 그 아들 예수 그리스도와 함께하는 사귐입니다.
4 무엇보다, 이것을 우리가 여러분에게 쓰는 것은 우리의 기쁨이
충만하게 하려 함입니다.

문제(1:5-6, 8, 10)와 해법(1:7, 9)

5 그리고 이것이 우리가 그에게서 듣고 여러분에게 전하는 소식
입니다. 하나님은 빛이시며 그에게는 어둠이 결단코 조금도 없
으시다는 것입니다.
6 만일 우리가 그와 더불어 사귐을 가지고 있다고 말하면서 어둠
가운데 행하고 다니면, 우리는 거짓되고 진리를 행하지 않는 것
입니다.
7 하지만 만일 그가 빛 가운데 계신 것같이 우리도 빛 가운데 행
하고 다니면, 우리가 서로 사귐을 가지고 또한 그의 아들 예수의
피가 우리를 모든 죄에서 깨끗하게 합니다.
8 만일 우리가 죄가 없다고 말하면, 스스로를 속이는 것이요 진리
가 우리 안에 있지 않습니다.
9 만일 우리가 우리의 죄들을 자백하면, 그는 신실하시고 의로우
시므로 우리에게 그 죄를 사해 주시고 우리를 모든 불의에서 깨
끗하게 해 주실 것입니다.
10 만일 우리가 죄를 지은 적이 없다고 하면, 우리는 그를 거짓말쟁
이로 만드는 것이요, 또한 그의 말씀이 우리 안에 없는 것입니다.

---

2 '사귐'의 원어는 '코이노니아'(κοινωνία)인데 '공유(共有), 교제, 연대, 나눔, 연보'의 의미가 있다.

2장

코이노니아, 보장과 확증(2:1-27)

보장

1 나의 자녀들이여, 내가 이것을 여러분에게 쓰는 것은 여러분이
죄를 짓지 않게 하기 위함입니다. 하지만 만일 누가 죄를 지으
면, 아버지 앞에서 변호하시는 분이 우리에게 있으니, 곧 의로우
신 예수 그리스도입니다.
2 그는 또한 우리의 죄를 위한 속죄 제물이시니,[3] 단지 우리의 죄
뿐 아니라 온 세상의 죄를 위한 것입니다.

확증

3 그리고 우리가 그의 계명을 지킨다면, 이로써 우리는 우리가 그
를 알았다는 사실을 알게 됩니다.
4 그를 알고 있다고 말하는 자가 그의 계명을 지키지 않는다면, 그
사람은 거짓말쟁이요, 이로써 자기 안에 진리가 없는 것입니다.
5 하지만 그의 말씀을 지키는 자라면, 이로써 하나님의 사랑이 참
으로 온전하게 된 것이고, 우리가 그의 안에 있다는 것을 이로써
아는 것입니다.
6 그의 안에 거하고 있다고 말하는 자는, 그가 행하신 것처럼 자신
도 이처럼 행하여야 하는 것이 마땅합니다.
7 사랑하는 여러분, 내가 여러분에게 쓰는 것은 새 계명이 아니라,
여러분이 처음부터 가지고 있던 옛 계명입니다. 그 옛 계명은 여

3 '속죄 제물'(힐라스모스, ἱλασμός)은 '화목 제물'의 의미도 가지고 있다(또한, 4:10).

러분이 들었던 그 말씀입니다.
8 내가 다시 새 계명을 쓰는 것은, 이것이 그의 안에서와 우리 안
에서 참되고, 이미 참빛이 비치며 어둠이 지나가고 있기 때문입
니다.
9 빛 가운데 있다고 말하면서도, 그의 형제를 미워하는 자는, 아직
까지 어둠 가운데 있는 사람입니다.
10 그의 형제를 사랑하는 자는, 빛 가운데 거하고 그의 안에 실족하
는 것이 없습니다.
11 그의 형제를 미워하는 자는, 어둠 가운데 있고 그 어둠 안에서
행하여 어디로 가는지를 알지 못합니다. 왜냐하면 어둠이 그의
눈을 멀게 하였기 때문입니다.

승리[a]

12 자녀들이여,[4] 나는 여러분에게 씁니다. 그의 이름으로 인해 여러
분의 죄가 사해졌습니다.
13 아비들이여, 나는 여러분에게 씁니다. 여러분은 태초부터 계신
그를 알고 있습니다. 청년들이여, 나는 여러분에게 씁니다. 여러
분은 그 악한 자를 이겼습니다.
14 아이들이여, 내가 여러분에게 쓴 것은, 여러분이 아버지를 알게
되었다는 것이며, 아비들이여, 내가 여러분에게 쓴 것은, 여러분
이 강하고 하나님의 말씀이 여러분 안에 거하고 있으며, 여러분
이 그 악한 자를 이겼다는 것입니다.

4 '자녀들'(테크니아, τεκνία)은 '생명의 관계'를 강조하고, 14, 18절의 '아이들'(파이디아, παιδία)은 '이루어야 할 성장'을 강조하는 표현이다.

사랑[a]

15 여러분은 세상이나 그 세상 안에 있는 것들을 사랑하지 마십시
오. 만일 누구든지 세상을 사랑하면 아버지의 사랑이 그의 안에
있지 않은 것입니다.
16 왜냐하면 세상에 있는 모든 것, 육신의 정욕과 안목의 정욕과 이
생의 자랑은 아버지께로부터 온 것이 아니라 세상으로부터 온
것이기 때문입니다.
17 무엇보다 이 세상은 지나가고 있으며, 그 정욕도 마찬가지입니
다. 하지만 하나님의 뜻을 행하는 자는 영원히 거할 것입니다.

경계

18 아이들이여, 지금이 마지막 때입니다. 그래서 이와 같이 적그리
스도가 온다는 것을 여러분이 들었습니다. 그리고 이제 많은 적
그리스도가 생겨났습니다. 이로써 마지막 때라는 것을 우리가
압니다.
19 저들은 우리에게서 나갔으나 우리에게서 난 자들이 아닙니다.
만일 우리에게서 난 자들이라면, 우리와 함께 머물렀을 것입니
다. 그러나 저들에 관한 모든 것이 우리에게서 난 것이 아님이
나타내진 것입니다.
20 그러나 여러분은 거룩한 자에게서 기름 부음을 받아 모든 것을
알고 있습니다.
21 내가 여러분에게 쓴 것은 여러분이 진리를 알지 못하기 때문이
아니라, 여러분이 그것을 알고 또 모든 거짓은 진리로부터 나오
지 않음을 알고 있기 때문입니다.
22 만일 예수께서 그리스도이심을 부인하는 자가 거짓말하는 자가
아니면 누가 거짓말하는 자이겠습니까? 그는 적그리스도이며,

아버지와 아들을 부인하는 자입니다.
23 누구든지 그 아들을 부인하는 자는 그 아버지를 가지지 않았고,
그 아들을 (인정하며) 고백하는 자는 그 아버지를 가졌습니다.

확신

24 여러분이 처음부터 들었던 것이, 여러분 안에 거하게 하십시오.
만일 처음부터 들은 것이 여러분 안에 거한다면, 여러분은 그 아
들 안에 거하고, 여러분은 그 아버지 안에 거하는 것입니다.
25 또한 이것이 그가 여러분에게 약속하신 약속이니, 곧 영원한 생
명입니다.
26 내가 여러분에게 쓴 이것들은, 여러분을 속여 길 잃게 하는 자들
에 관한 것입니다.
27 하지만 그에게 받은 그 기름 부음이 여러분 안에 거하고 있습니
다. 그래서 여러분은 누가 여러분을 가르칠 필요가 없고, 도리어
그의 기름 부음이 모든 것에 관해 여러분을 가르치는 대로, 그것
은 참되고 거짓이 없으니 이와 같이 여러분을 가르친 대로 그 안
에 거하십시오.

코이노니아, 성화와 사랑(2:28-3:24)

성화

28 그러므로 이제 자녀들이여, 그의 안에 거하십시오. 이는 그가 나
타내신 바 될 때에 우리가 담대함을 가지기 위함이며, 그가 오시
는 날에 그에게 부끄러움을 당하지 않기 위함입니다.
29 만일 여러분이, 그가 의로우신 줄 안다면, 의를 행하는 모든 자

가 그에게서 난 줄을 알 것입니다.

3장

1 보십시오. 과연 어떠한 사랑을 아버지께서 우리에게 주셨는지!
이는 우리가 하나님의 자녀들이라 불림을 받게 하심입니다. 또
한 우리가 그러함으로, 이로써 세상이 우리를 알지 못하는 것은
그분을 알지 못하기 때문입니다.
2 사랑하는 여러분, 이제 우리는 하나님의 자녀입니다. 우리가 장
차 어떻게 될지는 아직 나타나지 않았습니다. 하지만 만일 그가
나타내신 바 되면, 우리도 그와 같이 될 줄을 압니다. 우리가, 그
가 계신 그대로 보게 될 것이기 때문입니다.
3 그러므로 그에 대하여 이러한 소망을 가지고 있는 자마다, 그가
깨끗하심과 같이 자신을 깨끗하게 하는 것입니다.

능력

4 죄를 행하는 자는 모두 무법(無法)을 행하는 것입니다. 죄는 무법입
니다.
5 우리가 아는 것은, 그가 나타나신 것이 죄를 없이 하려 하심이
며, 그의 안에는 죄가 없으셨다는 것입니다.
6 그의 안에 거하는 자는 모두 죄를 짓지 않습니다. 죄를 짓는 자
는 모두 그를 보지 못하였고, 그를 알지도 못한 것입니다.
7 자녀들이여, 아무도 여러분을 속여 길 잃게 하지 못하게 하십시
오. 누구든 그가 의로우신 것같이, 자신도 의를 행하는 자라야
의롭습니다.

8 죄를 짓는 자는 마귀에게서 난 것입니다. 왜냐하면 마귀는 처음부
터 죄를 짓는 자이기 때문입니다. 이를 위하여 하나님의 아들이
나타내신 바 되었는데, 곧 마귀의 공작을 해체하려 하심입니다.
9 하나님께로부터 난 자는 누구나 죄를 짓지 않습니다. 왜냐하면
그의 씨가[5] 그의 안에 거하기 때문입니다. 죄를 지을 능(能)이 없으
니, 이는 그가 하나님께로부터 났기 때문입니다.

사랑[b]

10 이로써 하나님의 자녀들과 마귀의 자식들이 나타난 것입니다.
의를 행하지 않는 자는 모두 하나님께로부터 난 자가 아니며, 그
의 형제를 사랑하지 않는 자도 그렇습니다.
11 왜냐하면 이것이 여러분이 처음부터 들었던 소식인데, 이는 우
리가 서로 사랑해야 한다는 것입니다.
12 가인같이 하지 마십시오. 그는 악한 자에게서 나서 그의 형제를
죽였습니다. 무엇 때문에 그를 죽였습니까? 자신의 행위는 악하
였고, 그의 형제의 행위는 의로웠기 때문이 아닙니까?
13 그러니 형제 여러분, 만일 세상이 여러분을 증오하거든, 놀라지
마십시오.
14 우리는 사망으로부터 생명 안으로 옮겨져 있음을 알고 있습니
다. 우리가 형제들을 사랑하기 때문입니다. 사랑하지 않는 자는
사망 가운데 거하고 있는 것입니다.
15 그의 형제를 증오하는 자는 살인하는 자입니다. 우리는 또한 모
든 살인하는 자는 그의 안에 영원한 생명이 거하지 않음을 알고
있습니다.

5 '그의 씨'(스페르마 아우투, σπέρμα αὐτοῦ)는 '말씀' 또는 '성령, 중생의 능력' 등을 가리키는데, '하나님의 자녀들'로 해석하는 입장도 있다.

16 이로써 우리가 사랑을 알게 된 것은, 그가 우리를 위하여 그의
목숨을 내주셨기 때문입니다. 그러니 우리도 형제들을 위하여
목숨을 내어놓는 것이 마땅합니다.

소통

17 그러므로 만일 누구든지 세상의 재물을 가지고 있는데 그의 형
제가 궁핍한 것을 보면서도 자신의 긍휼을 차단해 버린다면, 어
떻게 하나님의 사랑이 그의 안에 거하겠습니까?
18 자녀들이여, 우리가 말과 혀로만 사랑하지 말고, 행함과 진실함
으로 합시다.
19 이로써 우리가 아는 것은, 우리는 진리에서 난 자들이라는 것입
니다. 이처럼 그의 앞에서 우리의 마음을 확증할 것입니다.
20 왜냐하면 만일 우리가 마음으로 책망을 느낀다면, 그것은 하나
님께서 우리 마음보다 크시고 모든 것을 아시기 때문입니다.
21 사랑하는 여러분, 만일 우리 마음이 스스로 책망하는 것이 없다
면, 우리가 그의 앞에서 담대함을 가지게 될 것입니다.
22 그래서 언제든 우리가 구하는 것을 그에게서 받는 것은, 우리가
그의 계명을 지키고 그의 앞에 기쁨이 되는 일을 행하기 때문입
니다.
23 무엇보다, 그의 계명은 이것이니 우리가 그의 아들 예수 그리스
도의 이름을 믿고, 우리에게 계명을 주신 바대로 우리가 서로 사
랑하는 것입니다.
24 그의 계명을 지키는 자는 그의 안에, 그는 그 사람 안에 거하십
니다. 이로써 우리는 그가 우리에게 주신 성령으로 말미암아, 그
가 우리 안에 거하시는 것을 알고 있습니다.

4장

코이노니아, 사랑과 온전함(4:1-21)

소속

1 사랑하는 여러분, 온갖 영을 다 믿지 말고, 그 영이 하나님께로
부터 온 것인지 검증하십시오. 왜냐하면 많은 거짓 선지자가 나
와 세상에 들어왔기 때문입니다.
2 하나님께로부터 온 영은 이로써 알 것인데, 곧 예수 그리스도께
서 육체로 오셨다는 것을 고백하는 영은 모두 하나님께로부터
온 것입니다.
3 그리고 그 예수를 고백하지 않는 영마다 하나님께로부터 온 것
이 아니며, 이는 곧 적그리스도입니다. 저가 온다고 하는 것을
여러분이 들었고, 이제 이미 세상에 와 있습니다.
4 여러분은 하나님께로부터 난 자녀들이며, 그들을 이겼습니다.
왜냐하면 여러분 안에 계신 분이 세상에 있는 자보다 크시기 때
문입니다.
5 그들은 세상으로부터 났고, 이 때문에 세상으로부터 나오는 말
들을 합니다. 그래서 세상은 그들의 말을 듣습니다.
6 여러분은 하나님께로부터 났고, 하나님을 아는 자는 우리의 말
을 듣습니다. 하나님께로부터 나지 않은 자는 우리의 말을 듣지
않으니, 이를 통해 우리가 진리의 영과 속여 길 잃게 만드는 (미혹의)
영을 아는 것입니다.

사랑[c]

7 사랑하는 여러분, 우리가 서로 사랑합시다. 왜냐하면 사랑은 하

나님께로부터 난 것이며, 사랑하는 자는 모두 하나님께로부터
났고 하나님을 알기 때문입니다.
8 사랑하지 않는 자는 하나님을 알지 못한 것입니다. 왜냐하면 하
나님은 사랑이시기 때문입니다.
9 이로써 하나님의 사랑이 나타내신 바 되었으니, 하나님께서 그
의 독생하신 아들을 세상에 보내셨고 그로 말미암아 우리를 살
리려 하신 것입니다.
10 사랑은 여기에 있으니, 우리가 하나님을 사랑한 것이 아니요, 그
가 우리를 사랑하셨고, 그래서 우리의 죄를 위하여 그의 아들을
속죄 제물로 보내신 것입니다.

온전함

11 사랑하는 여러분, 만일 하나님이 우리를 이처럼 사랑하셨다면,
우리도 서로 사랑해야 마땅합니다.
12 하나님을 본 자는 어느 때든지 아무도 없습니다. 만일 우리가 서
로 사랑하면, 하나님이 우리 안에 거하시고 그의 사랑이 우리 안
에서 온전히 이루어진 것입니다.
13 이로써 우리가 아는 것은, 우리가 그의 안에 거하고 그가 우리
안에 거하시는 것입니다. 이는 그의 성령으로부터 우리에게 주
신 것입니다.
14 그래서 우리가 보았고 증거하는 것은, 아버지께서 그 아들을 세
상의 구주로 보내셨다는 것입니다.
15 누가 만일 예수께서 하나님의 아들이심을 고백하면, 하나님께
서 그의 안에 거하시고 그는 하나님 안에 거합니다.
16 하나님께서 우리 안에서 가지고 계신 그 사랑을 우리가 알았고
믿었습니다. 하나님은 사랑이십니다. 그 사랑 안에 거하는 자는

하나님 안에 거하는 것이며, 하나님께서도 그의 안에 거하십니
다.
17 이로써 그 사랑이 우리와 더불어 온전하게 된 것은, 우리로 그
심판의 날에 담대함을 가지게 하려 함입니다. 왜냐하면 저가 그
러하심과 같이 우리도 이 세상에서 그러하기 때문입니다.
18 사랑 안에 두려움이 없고, 도리어 그 온전한 사랑이 두려움을 밖
으로 쫓아냅니다. 두려움에는 형벌이 있기 때문입니다. 두려워
하는 자는 그 사랑 안에서 온전하게 되지 않은 것입니다.
19 우리가 사랑하는 것은, 그가 먼저 우리를 사랑하셨기 때문입니
다.
20 만일 누가 '나는 하나님을 사랑한다'라고 말하고 그의 형제를 미
워하면, 그는 거짓된 자입니다. 왜냐하면 눈으로 보고 있는 그의
형제를 사랑하지 못하는 자가, 본 적이 없는 하나님을 사랑할 수
없기 때문입니다.
21 이것이 우리가 그에게로부터 받은 계명인데, 하나님을 사랑하
는 자는 또한 그의 형제를 사랑해야 마땅하다는 것입니다.

5장

코이노니아, 승리와 지킴(5:1-21)

승리[b]

1 예수께서 그리스도이심을 믿는 자는 모두 하나님께로부터 난
자입니다. 또한 그 낳으신 분을 사랑하는 자마다, 그에게서 난
자를 사랑합니다.

2 우리가 하나님을 사랑하여 그의 계명을 지키는 때마다, 이로써
하나님의 자녀들을 우리가 사랑하는 것을 압니다.
3 하나님을 사랑하는 것은 이것이니, 우리가 그의 계명을 지키는
것입니다. 하지만 그의 계명은 무거운 것이 아닙니다.
4 하나님께로부터 난 자는 모두 세상을 이깁니다. 이것이 세상을
이긴 이김이니 곧 우리의 믿음입니다.

증거

5 누가 세상을 이기는 자이겠습니까? 만일 예수가 하나님의 아들
이심을 믿는 자가 아니면!
6 그는 물과 피로 오신 예수 그리스도시니, 물로만이 아니라, 물과
피로 오셨고, 성령께서 그 증거이며, 성령은 진리이십니다.
7 증거하는 이는 셋인데,
8 성령과 물과 피이며, 이 셋이 하나를 향하고 있습니다.
9 만일 사람들의 증거를 우리가 받는다면, 하나님의 증거는 더욱
큽니다. 왜냐하면 이것이 하나님의 증거인데, 그가 그의 아들에
대해 증거하신 것입니다.

영생

10 하나님의 아들을 믿는 자는 자신 안에 그 증거를 가지고 있습니
다. 하나님을 믿지 않는 자는 그를 거짓말쟁이로 만들어 버린 것
입니다. 왜냐하면 하나님께서 그 아들에 관하여 증거하신 증거
를 믿지 않았기 때문입니다.
11 그 증거는 이것인데, 영원한 생명을 하나님께서 우리에게 주신
것입니다. 이것은 그의 아들 안에 있는 그 생명입니다.
12 그 아들을 가진 자는 그 생명을 가지고 있는 것이며, 하나님의

아들을 가지지 않은 자는 그 생명을 가지지 못한 것입니다.
13 이것을 내가 여러분에게 쓴 것은, 하나님의 아들의 이름을 믿는
여러분에게 영원한 생명이 있음을 알게 하려는 것입니다.

간구

14 이것이 우리가 그를 향하여 가진 담대함입니다. 만일 무엇이든
지 우리가 그의 뜻을 따라 구하면, 그는 우리가 간구하는 것을
들으신다는 것입니다.
15 만일 우리가 무엇이든 구하는 것을 그가 들으심을 안다면, 우리
가 그에게서 구한 그것을 가지고 있음을 아는 것입니다.
16 만일 누가 그의 형제가 사망에 이르지 않는 죄를 범하는 것을 본
다면, 그는 간구하십시오. 그러면 하나님께서 그에게 생명을 주
실 것입니다. 사망에 이르지 않는 죄를 범하는 자들에게 말입니
다. 사망에 이르는 죄가 있는데, 나는 그것에 관해서는 간구하라
고 말하지 않겠습니다.
17 모든 불의가 죄입니다. 하지만 사망에 이르지 않는 죄가 있습니
다.

지킴

18 우리는 알고 있습니다. 하나님께로부터 낳은 바 된 자는 모두 죄
짓지 않는다는 것을! 하나님께로부터 난 자가 그를 지키고 계셔
서, 악한 자가 그를 장악하지 못합니다.
19 우리는 알고 있습니다. 우리는 하나님께로부터 났고, 온 세상은
악한 자 안에 처해 있다는 것을!
20 우리는 알고 있습니다. 그러나 하나님의 아들이 오셨고, 우리에
게 지각(知覺)을 주셔서, 우리가 진리를 알고 있다는 것을! 또한 우

리가 그 진리 안에, 그 아들 예수 그리스도 안에 있다는 것을! 그
는 참하나님이시요, 영원한 생명이시라는 것을!
21 자녀들이여, 여러분 자신을 그 우상들로부터 안전하게 지켜 내
십시오.

요한이서

'진리'로 지키심을 입은 교회

영원히 거하는 진리

1 장로는 택하심을 입은 부녀와 그 자녀들에게 편지합니다. 내가
진리 안에서 사랑하고 또 나뿐만 아니라 진리를 알게 된 모든 자
가 그렇게 하는 것은,
2 우리 안에 그리고 우리와 함께하는 자들 안에 영원토록 거하는
진리 때문입니다.
3 은혜와 긍휼과 평강이, 하나님 아버지께로부터 그리고 예수 그
리스도, 그 아버지의 아들로부터 와서, 진리와 사랑 안에서 우리
와 함께 있을 것입니다.

진리 안에서 걸어감

4 내가 크게 기뻐하는 것은, 아버지께로부터 받은 계명을 따라 당신
의 자녀들이 진리 안에서 걸어가는 것을 알게 되었기 때문입니다.
5 그래서 이제 당신에게 간절히 원하는바, 부녀여, 이것은 새 계명
으로 당신에게 쓰는 것이 아니라 처음부터 우리가 가진 것이니,

우리가 서로 사랑하자는 것입니다.
6 그 사랑은 이것이니 곧 우리가 그의 계명들을 따라 걸어가는 것
이요, 그 계명은 이것이니 곧 여러분이 처음부터 들은 바대로 그
안에서 걸어가는 것입니다.

'속여 길 잃게 만드는' 거짓 가르침을 분별하라

7 왜냐하면 속여 길 잃게 만드는 많은 자가 세상 안으로 나왔기 때
문인데, 예수 그리스도께서 육체로 오신 것을 고백하지 않는 자들
입니다. 이런 자가 속여 길 잃게 만드는 자요, 적그리스도입니다.
8 여러분은 자기 자신을 잘 살펴서, 우리가 일해 놓은 것을 망쳐
버리지 말고, 도리어 풍성한 상을 받도록 하십시오.
9 누구든 앞에 나서서 이끌면서 그리스도의 그 교훈 안에 거하지
않는 자는, 하나님을 가지지 못한 것입니다. 그 가르침 안에 거
하는 자, 바로 이런 자가 그 아버지와 아들을 가진 것입니다.

기쁨이 넘치는 코이노니아

10 만일 누가 여러분에게 와서 이런 가르침을 전달하지 않으면, 그
를 집으로 받아들이지 말 것이며 그에게 문안의 말도 하지 마십
시오.
11 그에게 문안의 말을 하는 것은, 그의 악한 일들에 참여하여 사귀
는 것이기 때문입니다.
12 여러분에게 쓸 것이 많이 있습니다만, 종이와 잉크로 하기를 원
하지 않습니다. 도리어 바라기는, 여러분과 함께 있으면서 입에
서 입으로 말하고 싶습니다. 그리하여 우리의 기쁨이 넘치게 되
기를.
13 당신에게 문안합니다. 택함받은 당신의 자매의 자녀들이.

요한삼서

'사랑'으로 지키심을 입은 교회

사랑을 입은 자

1 장로는 사랑하는 가이오, 곧 내가 진리 안에서 사랑하는 자에게
편지합니다.
2 사랑하는 자여, 모든 일에 관해서도[1] 바른길을 잘 가며[2] 강건하
기를[3] 기도합니다. 당신 자신이 바른길을 잘 가는 것과 같이.
3 내가 크게 기뻐하는 것은, 형제들이 당신이 진리로 행함을 증거
하기 때문인데, 이와 같이 당신이 진리 안에서 걷고 있기 때문입
니다.
4 이보다 더 내가 기쁠 수 없는 것은, 나의 자녀들이 진리 안에서
걷고 있다는 것을 듣는 일입니다.

---

1 '모든 일'(페리 판톤, περὶ πάντων)을 '무엇보다'(프로 판톤, πρό πάντων)로 읽는 독법은, 사본상 외적 증거가 취약하고 문맥에서도 지지받기 어려운 임의적 번역이다.

2 '바른길을 잘 가며'(유오두스따이, εὐοδοῦσθαι)는 막연히 '만사형통하며'라는 뜻이 아니라, 3-4절의 '진리 안에서 걷고 있다'는 것과 짝을 이루는 표현이다(참조. 롬 1:10; 고전 16:2)

3 '강건하기를'(휘기아네인, ὑγιαίνειν)은, 거짓 가르침이 문제되는 상황에서는 믿음과 교훈에 있어 '바르고 온전한' 상태를 가리킨다(딤전 1:10; 6:3; 딤후 1:13; 4:3; 딛 1:9; 2:1, 2, 8).

사랑으로 행하는 자

5 사랑하는 자여, 당신은 어느 때나 그 형제들에게 그리고 이러한
낯선 이들에게 신실하게 행하고 있습니다.
6 그들이 증거하기를 당신이 교회 앞에서 사랑으로 행한다고 하
니, 당신이 그들을 선하게 환송하는 것은 하나님 앞에서 합당한
일입니다.
7 왜냐하면 저들이 그의 이름을 위하여 나아가서 이방인들로부터
아무것도 받지 않기 때문입니다.
8 우리는 이와 같은 자들을 후원하는 것이 마땅하며, 이로써 우리
가 진리 안에서 함께 수고하는 자가 될 것입니다.

사랑을 잊은 자

9 내가 교회에 몇 자 써서 보냈습니다만, 그들 가운데 으뜸 되기를
좋아하는 디오드레베는 우리를 영접하지 않으려 합니다.
10 이 때문에, 만일 내가 가면 그가 악한 말로 우리를 조롱한 그 행
위를 잊지 않을 것입니다. 그는 이것도 모자라, 자신이 형제들을
영접하지 않을 뿐 아니라, 그렇게 하고자 하는 이들도 못하게 막
고, 교회로부터 내쫓았습니다.

사랑의 코이노니아

11 사랑하는 자여, 당신은 악한 것을 본받지 말고 선한 것을 본받으
십시오. 선을 행하는 자는 하나님께로서 난 것입니다. 악을 행하
는 자는 하나님을 뵈옵지 못한 것입니다.
12 데메드리오는 모든 이에게 진리 자체의 증거를 받았습니다. 또
한 우리도 증거하는바, 당신도 우리의 증거가 참되다는 것을 알
고 있습니다.

13 내가 당신에게 쓸 것이 많지만, 잉크와 펜으로 당신에게 쓰기를
원하지 않습니다.
14 그 대신, 나는 곧 당신을 보고, 입에서 입으로 말하기를 원합니
다.
15 친구들이 당신에게 평안의 안부를 전합니다. 당신도 그 친구들
에게 이름을 따라 문안해 주기를 부탁합니다.

유다서

세상에서 자신을 지키는 교회

'지키심'에 대한 확신과 축복

1 유다, 예수 그리스도의 종이요 야고보의 형제는, 하나님 아버지
안에서 사랑을 입은 자들이요, 예수 그리스도로 말미암아 지키
심을 입은,[1] 부르심받은 자들인 여러분에게,
2 긍휼과 평강 그리고 사랑이 넘치기를 기원합니다.

거짓 교사들의 문제와 처방

3 사랑하는 여러분, 우리가 함께 참여한 구원에 대해 온갖 열심을
다해 여러분에게 쓰려고 했으나, 여러분을 격려하기 위해 써야
할 필요가 생긴 것은, 성도에게 단번에 주신 믿음을 위해 힘써
싸워야 한다는 것입니다.
4 왜냐하면 어떤 사람들이 몰래 들어왔는데, 이들은 옛적에 이
에 관한 심판이 미리 기록된 불경건한 자들로서, 우리 하나님
의 은혜를 방탕거리로 뒤바꾸고, 하나뿐인 주인이시요 우리

1 '지키심을 입은'(테테레메노이스, τετηρημένοις)은 21절의 '자신을 지킴'과 짝을 이루며, 6절의 범죄한 천사들과 13절의 거짓 교사들을 흑암에 가두어 '지킴'과 선명한 대조를 이룬다.

주(主)이신[2] 예수 그리스도를 부인하는 자들입니다.

‘자신의 지위를 지키지 못한’ 자들

5 내가 여러분으로 하여금 생각나게 하려는 것은, 여러분이 모든
것을 알고 있는 대로, 주께서 그 백성을 애굽에서 단번에 구원해
내시고, 그다음에 믿지 않은 자들을 멸망시키셨다는 것입니다.
6 또한 천사들 곧 자신의 원래 지위를 지키지 않고 도리어 그들 자
신의 처소를 내팽개친 자들을, 큰 심판의 날까지 흑암 아래서 영
원히 결박하여 지켜 오고 계신 것입니다.
7 소돔과 고모라처럼 그리고 그 주변에 있던 도시들 역시, 동일한
방식으로 그와 같이 행음하며 다른 육체를 좇아갔기 때문에, 영
원한 불의 형벌을 받았다는 표본이 여러분 앞에 놓여 있습니다.

거짓 교사들의 특징(1): 주(主)의 권위를 훔치는 교만

8 그런데도 그와 같이, 이자들은 꿈에서 무언가를 본다고 하면서
한쪽으로는 육체를 더럽히고 다른 쪽에서는 주의 권위를 개의
치 않으며 영광의 존재들을 모독합니다.
9 하지만 천사장 미가엘조차, 마귀와 논박하며 모세의 육신에 관
해 변론할 때 감히 모독하는 판결을 선고하지 않고, 다만 ‘주께
서 너를 꾸짖기를 원한다’라고 말했습니다.
10 이자들은 하지만, 알지도 못하는 대상들을 마구 모독하며, 생각
없는 짐승처럼 본성에 따라 느껴지는 대로 그렇게 함으로써 썩
어져 갑니다.

---

2 주’(큐리온, κύριον)는 부활하고 승천하여 하늘의 하나님 보좌 우편에 앉으심을 가리키고(시 110:1; 행 2:30-36), ‘주인’(데스포텐, δεσπότην)은 그의 구속한 백성을 소유하시고 주관하심을 가리킨다.

거짓 교사들의 특징(2): 자기 지위와 처소를 떠남과 온갖 악행들

11 화(禍)가 이들 자신에게 임할 것은, 이들이 가인의 길로 달려간 것
이며, 발람의 뇌물에 속아 길을 벗어난 것이고, 고라의 대적하는
말들로 멸망한 것입니다.
12 이들은 겁도 없이 여러분의 사랑의 식탁에서 함께 먹고 마시는
오점(汚點)들이요,[3] 자기 자신만 먹이는 목자들이요, 바람에 이리저
리 휩쓸려 다니는 비 없는 구름이고, 추수 끝에 열매 없는 나무
들로 뿌리째 뽑혀 또다시 죽음을 맞이하는 자들이며,
13 자기의 수치를 거품처럼 뿜어내는 바다의 길들여지지 않는 파
도이자, 거짓되어 길을 이탈한 별들로서 캄캄한 흑암만이 그들
을 영원토록 지키고 있습니다.

거짓 교사들의 특징(3): 경건하지 않음

14 이런 자들을 향해, 아담의 칠 대손인 에녹이 말하여 예언했습니
다. '보라, 주께서 그의 수천만의 거룩한 자들과 함께 오셨나니,
15 이는 모든 자에 대해 심판을 행하려 하심이요, 모든 영혼을 심문
하여, 그들이 경건하지 않게 행한 경건하지 않은 모든 것에 관하
여, 그리고 죄인들이 그분께 대하여 경건하지 않게 말한 모든 심
한 것에 대하여 그 수치를 드러내시리라.'
16 이들은 그 자신의 정욕을 따라 살면서, (주께 대하여) 불평을 늘어놓으
며 못마땅하여 수군거리는 자들이요, 그 입은 잔뜩 부풀린 허풍
을 말하고, 얼굴은 이득을 위하여 놀라는 표정을 짓는 자들입니
다.

---

3 '오점들'(스필라데스, σπιλάδες)에는 '암초들'의 의미도 포함되어 있다.

거짓 교사들의 실체

17 그러나 여러분, 사랑하는 자들이여, 기억하십시오. 우리 주 예수
그리스도의 사도들에 의해 미리 언급된 말씀들을.
18 그들이 여러분에게 말하기를, 마지막 때에 자신들의 불경건한
정욕을 좇아 살며 조롱하는 자들이 올 것이라 했습니다.
19 이자들은 분리되어 떨어져 나가는 자들이요, 육적인 자들이며,
성령은 없는 자들입니다.

대책과 전략, 치유와 경계를 위한 조치

20 그러나 사랑하는 자들이여, 여러분은 자신을 여러분의 지극히
거룩한 믿음 위에 세워 감으로써, 성령 안에서 기도함으로써,
21 여러분 자신을 하나님의 사랑 안에서 지키십시오. 영원한 생명
에 이르도록 우리 주 예수 그리스도의 긍휼을 바라고 기다리면
서.
22 스스로 판단받는[4] 어떤 자들을 불쌍히 여기십시오.
23 어떤 자들은 불에서 끌어내어 건져 내고, 또 어떤 자들은 그 육
체로 인해 더럽혀진 옷을 미워하면서, 두려움 가운데 불쌍히 여
기십시오.

송영과 확신

24 걸려 넘어짐이 없도록 여러분을 지키실 능력, 그의 영광의 임재
가운데 다함없는 기쁨으로 여러분을 흠 없이 세우실 능력을 행
하시는 분께,
25 홀로 한 분이신 우리 구세주 하나님께, 우리 주 예수 그리스도로

---

4 '스스로 판단받는'(디아크리노메누스, διακρινομένους)은 자신 안에서 스스로 정죄가 일어나 마음이 나뉘는 상태를 가리킨다(참조. 약 1:6, '의심하는', 개역개정; 2:4 '판단하는', 개역개정).

말미암아, 영광과 위엄과 힘과 권세가, 이 세상의 모든 것 이전부터, 그리고 지금도, 그리고 장차 오는 세상들에 이르기까지 있을지어다. 아멘.

코이노니아 성경

공동서신